AF438819

JOURNAL
D'UN DOCTEUR DE SORBONNE

(1697-1700)

COMMUNICATION DE

M. A. GAZIER

MEMBRE DU COMITÉ DES TRAVAUX HISTORIQUES ET SCIENTIFIQUES

(Extrait du *Bulletin philologique et historique* [*jusqu'à 1715*], 1916.)

PARIS

IMPRIMERIE NATIONALE

MDCCCCXVIII

JOURNAL

D'UN DOCTEUR DE SORBONNE

(1697-1700)

JOURNAL

D'UN DOCTEUR DE SORBONNE

(1697-1700)

COMMUNICATION DE

M. A. GAZIER

MEMBRE DU COMITÉ DES TRAVAUX HISTORIQUES ET SCIENTIFIQUES

(Extrait du *Bulletin philologique et historique [jusqu'à 1715]*, 1916.)

PARIS

IMPRIMERIE NATIONALE

MDCCCCXVIII

JOURNAL

D'UN DOCTEUR DE SORBONNE

(1697-1700).

La communication que je soumets aujourd'hui au Comité est relative au régime intérieur de l'ancienne Faculté de théologie de Paris durant les quatre dernières années du xviie siècle, de 1697 à 1700. C'est une sorte de journal humoristique et satirique, tenu par un docteur de Sorbonne qui voulait simplement fixer ses souvenirs, et qui ne soupçonnait pas que son travail pût jamais être imprimé. Il écrivait au courant de la plume, et des indications marginales très nombreuses devaient lui permettre de retrouver aisément les détails dont il pouvait avoir besoin. C'est un manuscrit de 192 pages petit in-4°, d'une très grosse écriture, inséré dans un recueil de pièces toutes relatives à la Sorbonne et ayant pour titre : Faculté, tome Ier. Il s'y trouve des imprimés et des manuscrits qui présentent un intérêt réel. Ainsi dans un mémoire ou factum imprimé figure en note une liste chronologique des chanceliers de l'église de Paris de l'an 1030 à l'an 1548. Parmi les copies manuscrites, je note un *Ramas de diverses censures*, dont une de 1389 contre un jacobin nommé Ade, une de 1408 contre Jean de Gorel, frère mineur; une de 1429 contre Jean Sarazin, également frère mineur. A la date de 1456, c'est le procès-verbal d'une grande séance à Saint-Bernard, en présence d'Arthur de Bretagne, comte de Richemond. Il s'agissait d'un conflit entre l'Université et les religieux mendiants qui avaient obtenu en leur faveur une bulle pontificale. Parmi les pièces imprimées qui sont à la fin du volume est une requête de l'appariteur Régnier Second, accusé de fautes graves commises dans l'exercice de ses fonctions. Il s'entendait avec les

bacheliers pour leur éviter des amendes ; il mettait de faux billets
dans les « capses », il signait pour les absents sur le livre des
« doctoreries », etc. Une note ms. de l'auteur du journal dit que la
requête de Régnier n'eut aucun succès, et que cet appariteur préva-
ricateur fut chassé de la Sorbonne presque tout d'une voix. Tout à
la fin se trouve un curieux mémoire sur l'affaire d'un docteur
nommé La Morlière, accusé de s'être laissé corrompre en vue des
examens par un candidat nommé Faguet. C'est au milieu de tous
ces documents qu'est le journal manuscrit qui fait l'objet de la présente communication, et l'un d'entre eux, relatif à une affaire dont
il est parlé dans le journal, nous fait connaître le nom de son
auteur ; il se nommait Noël Varet, docteur depuis 1677, et il était
chanoine de Saint-Jacques de l'Hôpital. On désignait sous ce nom
une chapelle à laquelle était annexé un hôpital ou plutôt un
hospice, sorte d'asile de nuit où l'on accueillait de 60 à 80 pauvres. Cet hôpital, qui figure encore sur le plan de Turgot, était
situé rue Saint-Denis, presque en face de l'église Saint-Leu et
Saint-Gilles, et sa chapelle était desservie par vingt prêtres, dont
huit chanoines et douze chapelains [1]. On sait que le célèbre abbé
Goujet mourut en 1767 chanoine de Saint-Jacques de l'Hôpital.

Noël Varet, qu'il ne faut pas confondre avec un auteur ecclé-
siastique du même nom qui mourut en 1676, n'a aucune notoriété.
Il ne cherchait pas à briller, soit comme orateur, soit comme théo-
logien. Son rôle dans les censures de Marie d'Agréda en 1694,
du culte des Chinois en 1700, du cas de conscience en 1704, ne le
présente pas comme un homme de caractère. En 1694, ayant à
parler le 79ᵉ, il témoigna qu'il en avait assez de ces discussions
interminables, et il se prononça d'une manière équivoque, votant
oui sur l'imputation d'erreur, et non sur le grief de profanation.
En 1700, je ne vois même pas son nom sur la liste des votants ;
et en 1705, quand il s'agit de la radiation du docteur Petitpied,
il s'abstint de voter ; s'il n'accabla pas alors un confrère persé-
cuté, il ne se commit pas en prenant sa défense. On s'aperçoit en
lisant son journal qu'il avait une assez forte dose de scepticisme.
Il en vient à dire que si Louis XIV n'avait pas été choqué contre
Fénelon, jamais sa « mystiquerie » n'aurait été trouvée mauvaise. Il
n'était nullement ami de Port-Royal, attendu qu'il parle assez

[1] Voir l'article de H.-L. Bordier, dans les *Mémoires de la Société de l'Histoire
de Paris* (1876), t. II, p. 331.

légèrement des Jansénistes qui, dit-il, n'ont jamais compris saint
Paul, pas plus que « leur St Augustin » ne l'avait compris. Mais il est
encore plus éloigné de favoriser les Jésuites, car il dit à la dernière
page de son journal que ce sont des gens trop fiers, trop enflés,
trop superbes; que quand on les détruirait il n'y aurait pas grand
mal, que ce sont des animaux indomptés et quasi indomptables.
S'agit-il de prélats comme Noailles, Bossuet, Maurice Le Tellier, il
parle d'eux avec beaucoup d'irrévérence ; on voit qu'il ne faisait sa
cour à personne et qu'il n'était d'aucun parti. Observateur sagace
et nullement bienveillant, un peu dans le genre de Saint-Simon,
il saisissait à merveille le ridicule des gens, et il jugeait ses
confrères et la Faculté tout entière avec une grande sévérité. Il n'en
est que plus intéressant pour l'histoire, car il fait bien connaître
la Sorbonne de 1700, quarante-cinq ans après les *Provinciales*,
treize ans avant la Bulle *Unigenitus*.

Je n'ai pu identifier la plupart des personnages nommés dans
le journal de Varet, et je ne puis indiquer les dates de sa nais-
sance et de sa mort. Pour un certain nombre de docteurs, j'ai pu
donner la date de leur réception au doctorat; je l'ai trouvée soit
dans une liste de 1200 noms imprimée en 1723, et commençant
en 1664, soit dans l'*Histoire du Cas de conscience* (tome VI), soit
dans un pamphlet de 1700, intitulé : *Lettres d'un docteur sur ce
qui se passe en Sorbonne*. Quelques fragments des registres manuscrits de l'ancienne Faculté de théologie ont également fourni des
indications utiles. Mais ces indications sont, je le reconnais, bien
insuffisantes. Malgré ces imperfections, la publication du journal
de Varet pourra, je crois, rendre quelques services. J'ai cru qu'il
était inutile de conserver l'orthographe du docteur Varet, elle ne
présente aucune particularité intéressante.

ANNALES DE LA FACULTÉ DE THÉOLOGIE DE PARIS.

L'ANNÉE (*sic*) 1697 [1].

L'assemblée se tint le mecredi (*sic*) 2e jour de janvier.
Comme il faisait très froid et qu'il tombait en abondance une neige

[1] En tête de la page 2 il y a un autre titre : *Histoire de la Faculté, janvier*
1697.

foudue, il y eut très peu de docteurs à l'assemblée. Les principaux, si l'on peut s'exprimer ainsi, ne s'y trouvèrent point.

Il y avait néanmoins une affaire de conséquence à terminer, savoir si la Faculté prêterait de l'argent aux Jacobins; c'est pour cela que les Jacobins ne s'y trouvèrent point.

Mons. le syndic [1], qui avait déjà parlé au *prima mensis* de décembre d'établir trois examens pour les thèses de licence, et qui, sans que personne s'en aperçût, avait fait que les députés ordinaires s'étaient chargés d'examiner comment se feraient ces trois examens, requit tout de bon que ces trois examens fussent proposés, et le furent en effet, contre le sentiment pourtant de quelques-uns, mais qui, n'étant pas les plus forts, ne purent empêcher la délibération, qui réussit au contentement du syndic, car à la pluralité des voix il fut convenu qu'il y aurait dorénavant trois examens, le 2ᵉ à la maj[eure] et le 3ᵉ à la sorbonique.

De soixante cinq docteurs qui étaient présents, il n'y en eut que trente-quatre pour les examens, jamais affaire n'a passé plus à la légère.

Comme on se proposa d'employer l'argent de la Faculté à faire les honoraires de ces trois examens, on ne parla plus de prêter l'argent aux Jacobins, qui en furent enragés, principalement le père Chaussemer [2], qui s'en était fait fête en son couvent, et qui croyait qu'on devait par là récompenser les peines qu'il s'était données à condamner Marie d'Agréda.

Le syndic, que je vis quelques jours après, me parlant de ces trois examens, me dit que c'était la meilleure affaire et le règlement le plus juste que la Faculté pouvait jamais faire, je le vis fort entêté là-dessus.

Je ne m'opposerais pas absolument à l'établissement de ces trois examens, quoiqu'ils soient fort assujétissants pour des docteurs; mais enfin il y a du pour et du contre, et il est certain que si ces examens empêchent les ignorants crasseux et grossiers, ils ôtent une certaine liberté de faire des thèses comme on veut, et sont capables de faire retenir dans un resserrement et une médiocrité d'esprit et de doctrine des gens qui s'élèveraient d'ailleurs et qui auraient une science sublime. Mais ce n'est pas mon affaire d'examiner présentement ces choses.

Le vendredi 1ᵉʳ février 1697, il y eut assemblée; elle fut beaucoup plus nombreuse que celle de janvier: aussi faisait-il beaucoup plus doux.

Selon la coutume, le bedeau ou appariteur lut la conclusion de la dernière assemblée.

Quand on eut lu l'article qui parle des trois examens, le s[ieur] Blampignon [3], curé de Saint-Médéric, se leva et dit qu'il s'opposait à cette conclusion des trois examens, et qu'il demandait acte de son opposition.

[1] Le syndic était alors Claude Lefeuvre, docteur en 1664.

[2] Docteur en 1673.

[3] Docteur en 1670.

Comme le syndic et quelques autres étaient entêtés de ces trois examens, l'opposition de Mons. Blampignon ne fut pas reçue sans réplique de la part du syndic, et sans bruit, et sans quelques paroles aigres et injurieuses, selon la louable coutume.

Deux docteurs sans nom et sans réputation se joignirent à Mons. de Blampignon, Jubinot [1] et de l'Estang [2].

Pour ce qui est de M. Blampignon, personne ne put deviner qui pouvait l'engager à faire cette démarche; il est tel qu'il se soucie peu de l'ordre et de la règle de la Faculté, [il est plus en passe d'y apporter le désordre [3]], et s'il fallait juger de la capacité des gens dans des repas à bien boire et à bien manger, personne n'en pourrait juger mieux que lui; mais quand il s'agit de doctrine, il n'en sera pas de même. Il y en a qui disent qu'étant mal auprès de l'archevêque de Paris, il veut se faire du nom à quelque prix que ce soit, et qu'il cherche partout les occasions de se faire valoir, et de montrer à l'archevêque qu'il peut être bon à quelque chose; il aura bien de la peine auprès des bons connaisseurs, et de ceux qui ne sont pas aisés à être trompés, qui distinguent la marchandise de contrebande; il espère pourtant qu'il persuadera l'arch[evêque] qu'il vaut quelque chose, et l'obligera de l'admettre dans son conseil. Il y en a qui croient encore qu'il a ses vues pour être syndic dans les années suivantes. Il ne manque pas d'ambition, et il trouvera des gens qui le porteront; d'ailleurs il s'énonce assez facilement en latin, et il ne manque pas de hardiesse; il n'est qu'entreprenant, il aurait été un *bon Égyptien* (barré) excellent bohémien.

Après ce premier tumulte, M. Joisel [4], qui tenait la place du doyen, fit un rapport très agréable et très enjoué de ce qui s'était passé dans les assemblées particulières des députés pour les trois examens, ce qui y avait été réglé, et comment ces examens se devaient faire.

Il dit tout ce qu'on peut dire de fort sur la communication des arguments, l'ignorance des bacheliers; qu'ils ressemblaient à l'âne de Balaam, et que tout au plus c'étaient des sarbatanes (*sic*) qui ne faisaient que répéter ce que des répétiteurs bien souvent ignorants leur mettaient dans la bouche. Il fut applaudi de tout le monde; ensuite on alla aux opinions. M. de l'Estocq [5] opina le premier et dit qu'il n'était pas opposé aux trois examens, mais qu'y ayant des docteurs qui y avaient formé opposition, il fallait les écouter et peser leurs raisons; d'autant plus qu'ils ne prétendaient point par là ôter le droit à la Faculté de juger, qu'au contraire ils la faisaient juge de leur opposition, etc. Qu'il était donc du sentiment que les docteurs

[1] Docteur antérieurement à 1664 (?).

[2] Docteur en 1664.

[3] Les mots entre crochets sont barrés.

[4] Docteur en 1648, il avait alors 77 ans.

[5] Docteur que les registres de l'ancienne Sorbonne mentionnent en 1659.

M. A. Gazier.   2

opposants fissent imprimer leurs raisons, sur lesquelles les docteurs formeraient leurs avis.

Mons. le curé de Saint-Laurent fut du même avis, et ceux qui suivirent jusques à Mons. Blanger [1], qui d'abord parla assez inintelligiblement, mais à la fin se fit entendre. Il dit qu'il croyait que les trois examens n'étaient pas une chose nouvelle; que ce n'était qu'un rétablissement de l'obligation où étaient autrefois les bacheliers de prouver leurs thèses, dont on les dispense tous les jours : *Per me tecum* (sic) *dispensat sacra Facultas de ulteriori probatione thesium tuarum,* etc. Qu'il n'y aurait qu'à ôter cette dispense, ce qui était très aisé, et qu'il trouvait ce moyen très propre à ôter l'ignorance des bacheliers et la communication des arguments.

Mons. Boileau [2] goguenarda un peu en disant son avis, car il ne peut pas s'en empêcher; la satire est dans ses os et dans sa chair. Il fut du sentiment de M. de l'Estocq.

Pendant tous ces avis. le syndic paraissait fort décontenancé, et il vit bien que l'on ferait échouer sa conclusion.

M. Fromageau [3] dit qu'il fallait écouter les opposants; que d'ailleurs il était de l'avis des trois examens. M. Boucher [4] parut assez bien intentionné pour les trois examens, mais il dit qu'il fallait écouter les raisons des opposants.

M. de Baumont (*sic*) [5] fit entendre (barré) à la manière des oracles, c'est-à-dire bien obscurément , qu'il était de l'avis des trois examens.

Mons. Roulland [6] opina de même. Le syndic parla ensuite, et expliqua assez nettement comment le tout s'était passé jusques à présent, ce que les députés avaient projeté; que les bacheliers devaient composer leurs thèses, et un mois devant que de les soutenir, demander des examinateurs qui les examineraient dans un certain temps. et eux seraient obligés de soutenir aussi dans un certain temps après l'examen; que tout cela se ferait aux dépens de la Faculté.

Il voulait continuer à montrer la nécessité indispensable de ces trois examens; mais il ne put. car onze heures et demie sonnèrent, et chacun se leva.

Il y a ici une affaire d'un docteur qu'il ne faut pas omettre. Chacun sait les obligations que le s[ieur] La Morlière a à Mons. l'abbé Dubrec [7]; c'est

[1] Pierre Blanger, docteur en 1662.

[2] Jacques Boileau, frère du poète, né en 1635, docteur en 1662, mort en 1716.

[3] Germain Fromageau, docteur en 1664, mort en 1705.

[4] Paul Boucher, docteur de Navarre en 1659.

[5] Docteur en 1660 (?).

[6] T. Roulland fut, en 1669, un des approbateurs des *Pensées* de Pascal.

[7] François Malet de Graville Dubrec, abbé de Boulancourt, fut, en 1669, un des approbateurs des *Pensées* de Pascal.

lui qui lui a sauvé la vie doctorale il y a quatre ou cinq ans, car sans cet abbé il aurait été exclu des droits de la Faculté pour des ivrogneries et escroqueries dont il était plus que convaincu. La Morlière, par reconnaissance, a cru être obligé de suivre en tout les sentiments de l'abbé Dubrec, et il l'a fait ainsi dans la censure de Marie d'Agréda, qu'il a justifiée comme aurait fait son abbé s'il y avait été.

Mais cela ne lui ayant paru encore suffisant, il a fait un petit libelle intitulé : *L'affaire de Marie d'Agréda*, dans lequel il fait l'éloge de Mons. l'abbé Dubrec et blâme ceux qui ont été d'un sentiment différent; il a osé s'attaquer aux dieux de la terre, à l'archevêque de Reims [1], à celui de Paris [2] et à l'évêque de Meaux [3] qu'il a blasonnés assez bien, comme quelques docteurs de la Faculté antiagrédiens.

Ces évêques ont su que c'était lui qui était l'auteur de ce libelle; ils l'ont fait chercher pour le coffrer; mais lui ayant découvert leur dessein, on ne le vit plus; il a disparu et on ne le voit plus; on dit même qu'il est passé dans les pays étrangers. Comme on ne le vit pas au *prima mensis*, cela fit que chacun parla de son histoire; il fera fort bien de ne se pas montrer.

Depuis le *prima mensis* de février jusques au *prima mensis* de mars, le syndic s'est un peu remué et a vu M. l'archevêque plusieurs fois. Mais Blampignon s'est encore plus remué; il a composé avec Jubinot un écrit assez mal fait contenant ses prétendues raisons d'opposition au décret de la Faculté touchant les trois examens. Il y a beaucoup plus de mauvais dans ce libelle que de bon; surtout les docteurs ont été choqués de ce que le s[ieur] Blampignon, contre l'avis de Jubinot, a mis dans cet écrit que l'archevêque de Paris est *le père et le protecteur de la Faculté, et qu'on ne doit faire aucune démarche sans l'agrément de Monseigneur l'archevêque*. Tout le monde a regardé ce trait comme le trait d'un flatteur indigne qui n'omet rien pour se réhabiliter à l'archevêché, qui ne se soucie pas de mettre la Faculté en proie à la tyrannie des puissances, pourvu qu'il se raccommode et revienne en grâce, et en effet il est, etc [4].

Cet écrit a été envoyé à tous les docteurs et je l'insérerai ici [5].

Le vendredi 1ᵉʳ mars il y eut assemblée à laquelle presque tous les docteurs se trouvèrent; mais quelque grand que fût le nombre de ces hommes qui se disent *sapientissimi*, il n'y eut jamais moins de sagesse et de modération. Ce fut la plus grande confusion qui se puisse voir; tout le monde parlait à la fois, et personne ne s'entendait. Le s[ieur] Blampignon

[1] Le Tellier.
[2] Antoine de Noailles.
[3] Bossuet.
[4] La phrase n'est pas achevée.
[5] Il est en effet dans le Recueil à la suite du Journal de Varet.

et le syndic se prirent plusieurs fois de parole, et on voyait qu'ils s'en voulaient; aussi est-ce uniquement par jalousie contre le syndic que Blampignon a fait tout ce bruit.

On opina néanmoins, ou pour mieux dire on voulut continuer la délibération du dernier *prima mensis;* mais le syndic parlant et rendant compte de ce qu'il avait fait avec M. l'archev[êque], et ce que ce prélat lui avait dit, il insinua qu'il lui avait marqué qu'il faudrait remettre tout cela aux calendes de mai: que pendant ce temps-là on examinerait les raisons des députés, et qu'on trouverait alors à loisir à faire exécuter les trois examens; que le *prima mensis* d'avril tombant dans la semaine sainte, il ne pourrait être propre à cette discussion.

Mons. le curé de Saint-Laurent se leva et dit qu'il avait vu hier au soir M. l'archev[êque], qu'il lui avait dit la même chose touchant le *prima mensis* de mai, mais seulement pour examiner comment on empêcherait la communication des arguments, et non pas pour les trois examens. Il se fit là-dessus une huée contre le syndic qui l'étourdit et le démonta d'une manière qui ne convient point à un homme public. M. Lefeuvre[1] se gâte beaucoup dans la magistrature; on ne peut pas plus d'esprit, une plus grande facilité; mais avec ces talents il ne sait pas soutenir la magistrature: il a un air trop mince pour cela, et il n'est pas assez le (*sic*) maître de lui: il s'échappe trop: il ne sait pas agir en grand, et faire dire :

Si forte virum quem

Conspexere, silent.

On prétend que quand M. de Saint-Laurent eut parlé, et que là-dessus tout le monde eut dit : *Ad kalendas maias,* il dit par dépit : *Ad kalendas græcas, si volunt.* Cette expression ne vaut rien pour un homme en place et en dignité: c'est jeter le manche après la cognée, comme on dit. C'est aussi ce qui fait que l'on dit de lui qu'il n'est pas né pour la pourpre; ce n'est pas son fort, son caractère est de se réjouir avec des amis.

L'assemblée, ou pour mieux dire la cohue, finit ainsi.

Le lundi 1er mars 1697, il plut toute la matinée; je ne pus aller au *prima mensis,* et ainsi je n'ai point vu ce qui s'y est passé; mais j'ai appris que le s⟨r⟩ Blampignon s'y trouva et voulut faire encore l'Olibrius et le chef de parti. Il prit le syndic à partie trois ou quatre fois. L'Estang voulut s'en mêler; on lui lut la conclusion de la Faculté touchant les trois examens. Le syndic avait eu soin de la faire voir aux contempteurs. Cependant Blampignon dit qu'il s'y opposait, fit beaucoup de bruit, et demanda qu'on nommât des députés pour examiner cette conclusion.

______

[1] Il était syndic de la Faculté.

Mons. Le Caron, qui est un des contempteurs, et à qui le syndic l'avait montrée, ayant été interpellé par le syndic, eut la lâcheté de dire qu'il était vrai qu'on lui avait lu la conclusion, mais que *non satis attenderat*.

Cette réponse rendit insolent le sⁿ de Blampignon à l'excès; [il] cria contre le syndic et lui fit des reproches sanglants.

Le syndic crut ne devoir pas souffrir davantage ces emportements, et ayant demandé à parler, il dit par manière de plainte qu'il courait un imprimé injurieux à la Faculté et aux docteurs en particulier; que cet imprimé porte le nom de Blampignon et est signé de lui; qu'il requérait que la Faculté nommât des députés, et qu'on examinât ce livre, et lût en même temps les endroits les plus injurieux de cet écrit. Dans ce moment, la face du théâtre changea tout d'un coup, car tout le monde ayant approuvé la réquisition du syndic, jamais on ne vit un homme plus honteux et plus déconcerté que le sⁿ Blampignon. Autant auparavant il était insolent dans sa morgue, autant il devint, après la réquisition du syndic, petit et humilié. Son caquet fut arrêté tout d'un coup. Il fut entièrement démonté, et il n'eut de paroles que pour faire des excuses, et dit qu'il n'avait point eu la pensée de s'opposer formellement aux trois examens et pour (*sic*) trouver à redire à la conduite des docteurs de la Faculté.

On ne laissait point, nonobstant cette déclaration de Blampignon, de demander des députés conformément à la réquisition du syndic, et c'est ce qui obligea M. Blampignon de rechercher le syndic, et de s'aboucher avec lui, et de lui dire qu'il [se] désistait de son opposition, et que lui se désistât de sa réquisition; et c'est ce qui réussit, car le syndic, qui n'a pas toute la tête du monde, se laissa aller et se déporta (*sic*) en effet de sa réquisition, et Blampignon révoqua son opposition. Je n'approuvai point, non plus que bien d'autres, ce changement subit du syndic; il devait, pour l'honneur de la Faculté, traîner plus en longueur ce désistement d'une réquisition [demandant(?)] qu'on examinât un écrit injurieux à la Faculté; mais il était si étourdi, et il avait tellement perdu la tramontane qu'il ne savait ce qu'il faisait. Il crut avoir assez gagné que de faire peur à Blampignon et l'obliger à se taire; mais cela ne suffisait pas pour l'honneur de la Faculté. Ayant lu l'endroit où Blampignon parle mal des docteurs, il devait continuer à demander que cet imprimé fût publiquement désavoué par Blampignon.

Le lundi 15 avril, j'examinai chez Mons. Gerbais [1]; ce docteur me conta que quelques ennemis de M. Lefeuvre, syndic, avaient fait entendre au roi qu'il ne faisait plus souscrire la censure de M. Arnauld, et que M. de Pontchartrain avait eu ordre de le faire venir et de lui en faire une forte réprimande; mais qu'il s'était justifié, et avait montré le contraire; que M. de Pontchartrain avait été content et avait remis l'esprit du roi. Ce sont des

---

[1] Docteur en 1659.

émissaires des Jésuites qui sont dans la Faculté qui font tous ces mauvais rapports pour tâcher d'y mettre la confusion.

M. Gerbais me témoigna qu'il n'est point pour les trois examens sur les thèses de la licence, mais qu'il proposera qu'il y ait deux examens devant la licence, comme il y en a deux pour le baccalauréat. Il n'approuve pas l'écrit de M. Blampignon, il dit même qu'il se repent de l'avoir fait.

Il me parla de faire Jollain [1] syndic.

Le 23 avril 1697, M. Joubinot (*sic*) toujours entêté contre les trois examens distribua un écrit latin qui contient d'assez méchantes raisons pour son sentiment. Il voulait prévenir les docteurs en sa faveur avant le *prima mensis* du mois de mai.

Le 2 mai 1697. il y eut assemblée, où se trouvèrent beaucoup de docteurs. dans la pensée qu'on parlerait des trois examens.

Il plut si fort jusques à huit heures que je ne pus arriver au commencement de l'assemblée; elle était même finie pour ainsi dire quand j'arrivai; cela fut cause que je ne pus être témoin comment les choses s'étaient passées; tout ce que j'appris est que l'affaire des examens avait été remise encore aux députés. et qu'on leur avait ajouté Blampignon et M. le curé de Saint-Pierre aux Bœufs et quelques autres.

Je rapporterai ce qui s'est passé quand je le saurai plus certainement: J'entrevis Blampignon, qui paraissait triompher, car ce qu'il recherchait est à se faire un peu de nom. Il a été noté auprès de l'archevêque pour ses menues et grosses débauches; il voudrait bien rétablir sa bonne fame [2]. Il remue pour cela ciel et terre, il croit qu'un bon endroit serait de se donner du crédit dans la Faculté, et que par là l'archevêque qui y veut dominer, car son ambition dévote n'excepte rien, aurait de la considération pour lui. et qu'il deviendrait quelque chose. Je crois même qu'il en viendra à bout, car outre sa hardiesse et effronterie naturelle, il n'y a personne plus intrigant que lui.

Il y a des religieuses de Piquepusse (*sic*) aux grilles desquelles on peut causer assez librement. Blampignon y a été comme les autres, il y a eu des amies, et enfin le supérieur de cette maison ayant quitté il y a un mois, il a fait en sorte que les religieuses l'ont demandé pour supérieur; jamais l'archevêque de lui-même ne l'aurait donné pour supérieur, et M. Blampignon aurait encore moins osé se présenter pour avoir cette supériorité, à moins que ces religieuses étaient aussi sévères que le Val de Grâce [3]. Il n'est point d'une conduite assez régulière et d'une réputation assez bien établie pour être recherché par lui-même, si ce n'est par des gens comme

---

[1] Docteur de Navarre en 1682.

[2] Réputation, du latin *fama*.

[3] (*Sic.*) Il y avait d'abord : à moins que ces religieuses ne soient des libertines.

je dis médiocrement religieux aussi bien que lui. Je suis sûr que le Val de Grâce ne le demandera jamais pour supérieur, ni les Carmélites. Il n'y a donc que l'intrigue faite par sou main (*sic*) qui ait pu faire réussir le s^r Blampignon ; mais il n'importe pour un homme qui n'a pas plus de conduite régulière que lui quelque moyen qu'il emploie pour aller où il veut, pourvu qu'il y arrive. On dit : Qui mange chapons, chapon lui vient. Cette réussite lui a fait entreprendre une autre chose qui ne laissera pas de le mettre en crédit.

Il a fait en sorte au sujet des trois examens, où il s'est fourré sans rime ni raison, que le Premier Président l'a envoyé quérir pour lui parler ; ce magistrat chagrin a eu pour lui un visage gai, l'a reçu favorablement, et lui a témoigné qu'il ne voulait point qu'il y eût de division dans la Faculté, que par là elle se rendrait inutile au service du roi ; qu'il fallait s'entendre ; que dans l'affaire des trois examens il fallait faire une nouvelle députation, et qu'il voulait qu'il fût de ces députés. Et c'est cet événement (?) que peu de gens savaient qui a donné lieu à la députation du 1er de mai, où il fut nommé député avec M. Gerbais et le Père Chaussemer [1], etc.

Depuis ce temps là, il faut voir comme il est fier ; il n'y a plus moyen d'approcher de lui.

Le lundi 20 mai, je rencontrai M. de l'Estang, un des opposants aux trois examens ; il me dit que le Premier Président avait envoyé quérir M. de Blampignon, comme j'ai dit [2], et en un autre temps le syndic, et lui avait témoigné et lui avait marqué qu'il ne fallait point de bruit dans la Faculté, etc. Et peu de temps après il avait aussi fait venir chez lui le syndic, et lui avait témoigné que si l'affaire des trois examens avait à passer, il fallait qu'elle passât à l'amiable et sans contestation. Qu'il ne voulait point de division, qu'il fallait encore la faire examiner par des députés qui ne la rapporteraient que quand ils seraient tous d'accord, et que la Faculté en jugerait, et que c'est sur cela qu'au *prima mensis* de mai le syndic avait ouvert l'assemblée en disant :

Que l'affaire des trois examens, qui avait été ébauchée au mois de mars, et remise alors au *prima mensis* de mai pour y terminée ; mais (*sic*) qu'il voyait que les choses n'étaient pas encore en état d'être proposées à la Faculté, et qu'il requérait que pour exécuter ce qui avait été délibéré d'une manière uniforme et qui contentât tout le monde, que (*sic*) l'on nommât des députés qui examinassent derechef ce qui conviendrait, et qu'on mît

---

[1] Docteur antérieurement à 1664 (?).

[2] On lit à la marge : [il me] raconta ce que je viens de dire du Premier Président et de M. Blampignon.

L'une des deux rédactions aurait dû être supprimée.

Le passage qui suit est mal rédigé, avec des redites et des ratures ; il aurait eu besoin d'être remanié.

parmi ces députés des personnes du nombre de ceux qui étaient opposés aux trois examens, et c'est ce qui fut fait sur le champ, et MM. Gerbais et de Blampignon furent nommés avec le Père Chaussemer.

Le syndic ne parla point du tout du Premier Président.

Mons. de l'Estang me dit que le Premier Président l'avait fort grondé sur la précipitation à conclure les trois examens et à ne pas empêcher le trouble de la Faculté; mais c'est une médisance de l'Estang qui voudrait bien trouver à mordre sur le syndic; mais cette gronderie n'est point réelle.

La vérité est que M. Le Feuvre a fait des fautes. La première de pas s'assurer des puissances en cette occasion; la deuxième, il devait plus ménager l'honneur de la Faculté et se tenir moins arrêté qu'il n'a fait. Mais il n'est pas homme de tête, il a de l'esprit et peu de jugement.

Mons. Gerbais prétend que c'est M. Roulland qui est le mobile des trois examens.

Depuis cette nomination des nouveaux députés, il n'y a point eu de convocation de ces députés devant le 20 de ce mois, auquel jour ils s'assemblèrent, et ils conclurent qu'ils ne feraient rien: ils ne firent que se dire bonjour. Ils se sont encore assemblés une fois depuis, mais qui n'a pas avancé davantage les affaires.

Le sam[edi] 1ᵉʳ juin 1697, il y eut assemblée à l'ordinaire, mais il vaudrait autant qu'il n'y eût rien eu du tout, car toute l'assemblée se passa à entendre lire la conclusion de l'assemblée précédente et le syndic qui dit que MM. les députés s'étaient assemblés deux fois, mais que *res nondum satis deliquata erat*. C'est pourquoi on ne parlerait point encore aujourd'hui des trois examens.

En même temps l'assemblée finit; elle ne dura guère qu'un quart d'heure. Cela fut cause que je n'eus point un petit livret que le sʳ de la Morlière fit distribuer aux docteurs qui se trouvèrent au commencement; c'est une espèce d'apologie qu'il tâche de faire de lui-même à l'occasion d'un petit écrit qui a couru comme de lui sous ce titre : *Affaire de Marie d'Agréda*. Ce pauvre diable de docteur a toujours été obligé de se cacher depuis ce temps; cependant il n'a pas de bien; apparemment qu'il voudrait bien reparaître; la faim chasse le loup hors du bois.

Le lundi 1ᵉʳ juillet 1697, l'assemblée se tint à l'ordinaire, mais elle dura encore moins que l'autre fois. Le syndic ne fit que dire que *Nihil habebat proponendum*, et plus[ieurs] répondirent en goguenardant : *Si nihil habes proponendum, nihil habemus concludendum*, et chacun prit les quatre sous ⁽¹⁾ et se retira chez soi ou ailleurs, mais l'assemblée finit en moins d'un *Miserere*. On prétend que c'est pour le mois d'août qu'on parlera tout de bon des trois examens.

⁽¹⁾ Sans doute à titre de jetons de présence.

Le jeudi 18 juillet, je trouvai à l'archev[éché] M. Hideux [1], qui est un des députés pour l'affaire des trois examens; nous en causâmes.

Il me dit qu'ils ne s'assemblaient point du tout, que M. de Lestocq, qui est l'ancien, ne les convoquait point, et que c'est le syndic qui l'en empêche; qu'il ne croit pas que cette affaire réussisse, parce que le Premier Président s'est déclaré qu'il ne veut point que les trois examens soient admis que d'un consentement unanime de la Faculté; que l'intention de ce magistrat est de faire que toutes les délibérations de la Faculté soient unanimes, ou au moins à l'exception de deux ou trois, auquel cas on mettrait : *reclamantibus* tels et tels; ce qui était l'ancienne coutume, comme je l'ai ouï dire à feu M. de Launoy [2]. Il faut avouer que les délibérations à la pluralité des voix comme on les fait auj[ourd'hui] sont impertinentes; il faudrait qu'elles fussent entièrement unanimes; et quand elles ne le peuvent pas être ou ne le sont pas, c'est que les matières ne peuvent pas souffrir une délibération; c'est qu'elles doivent demeurer libres et indéterminées ou probables. Mons. Hideux me dit qu'il avait fait des reproches au curé de S' Merry à l'occasion de son écrit sur les trois examens. Il est de mon sentiment sur le syndic, sa magistrature ne lui a pas fait honneur.

Toutes ces difficultés font que les évêques méprisent assez ce qui se fait en Faculté de la manière que je vois qu'on s'y comporte.

Je n'en fais pas cas; mais les délibérations, les mandements, les ordonnances et autres actes des évêques ne sont guère moins méprisables, fussent celles du dévot archevêque de Paris.

M. Hideux me dit que quelques uns proposaient à la place des trois examens que les Présidents et Grands maîtres des Bacheliers examineraient ceux à qui ils doivent présider ou dont ils sont grands maîtres sur les thèses avant que de les signer, et qu'ils rendraient témoignage par écrit qu'ils ont effectivement examiné le bachelier. Ce tour ne paraît pas mauvais, mais il ne remédie pas au mal absolument, car les Présidents et les Grands maîtres sont toujours des amis.

Le jeudi 1er août, l'assemblée fut plus nombreuse et dura plus longtemps que les deux assemblées précédentes.

Le syndic, après les rapports des examens et autres choses semblables, prit la parole et dit que jusques à présent Messieurs les députés s'étaient assemblés en la maison de la Faculté, et là, avaient examiné ce qu'il conviendrait de faire touchant les trois examens, mais qu'ils n'avaient pu convenir de rien, et ce en partie parceque plus[ieurs] des députés ne s'étaient pas trouvés à ces assemblées; qu'il ne voyait pas que cette affaire

[1] Louis Hideux, né en 1650, docteur vers 1675, curé des Saints-Innocents, syndic de la Faculté en 1717, mort en 1720.

[2] Jean de Launoy, surnommé le dénicheur de saints, né en 1603, mort en 1678.

M. A. Gazier.   3

pût jamais réussir; c'est pourquoi qu'il (*sic*) demandait qu'il n'en fût plus parlé; qu'il y a même d'autres moyens qui pourront procurer ce qu'auraient fait les trois examens : que ces moyens étaient qu'on exécutât à la lettre l'article neuf des statuts, qui ordonne que le président ne disputera pas plus que pendant l'espace d'une heure et demie, qui est une demi heure pour chaque *medium*, et qu'il en fût ordonné autant pour les bacheliers, dont chacun ne pourrait disputer plus d'une demi heure : qu'il résulterait deux biens de cette conclusion confirmative du statut : le premier que l'on ôterait quantité d'arguments inutiles comme on en entend tous les jours ; le deuxième que plus de personnes disputeraient à une thèse, et qu'ainsi il serait plus difficile d'avoir communication des arguments, et ensuite il passa aux choses qu'il avait à proposer.

1° Que Mons. Galliot, sous-pénitencier, était mort; qu'il était chargé de faire les prédications aux prisonniers du Petit-Châtelet : qu'il était nécessaire de nommer un autre docteur à sa place.

2° Ce qu'il fallait faire contre un bachelier qui avait supposé de fausses lettres pour être reçu.

3° L'observation du règlement qui porte que l'on ne disputera que demi heure pour chaque *medium*, et à l'égard des sorboniques, M. le Prieur de Sor[bonne] aura deux heures *propter 6 leviora media et orationem*.

4° Qu'il y avait une chose qui était de conséquence, c'est de savoir comment compter les voix dans les affaires de conséquence; que la plupart des anciens docteurs sortaient avant la conclusion, et que cependant on ne pouvait, selon le règlement, compter les voix que de ceux qui se trouvaient à la conclusion; qu'il priait la compagnie de délibérer sur ces quatre choses.

Aussitôt M. le Doyen [1], qui était présent, les mit en délibération, et chacun opina, et on fut quasi tous d'un même sentiment, hormis à l'égard des deux choses du prédicateur des prisons et de la supputation des suffrages. D'abord M. Lestoc (*sic*) ayant dit son avis et nommé pour prédicateur des prisons M. Berthe, docteur, chacun lui donna sa voix sans difficulté. Il n'y eut que M. Boileau de la Ste Chapelle qui ne put s'empêcher de goguenarder; en nommant M. Berthe il dit qu'il serait à souhaiter qu'on pût nommer un docteur qui sût non seulement ouvrir sa bouche pour parler, mais sa bourse pour donner l'aumône, comme avait fait M. Galliot.

C'était donner en passant sur les doigts à M. Berthe, qui demandait cet emploi pour gagner plutôt que pour donner. Cela fit rire un peu.

Tous ceux qui opinèrent après, jusques environ M. Bornat [2], furent du même avis et nommèrent M. Berthe. Mais M. Bornat, qui avait envie de ce morceau *propter emolumentum*, voulut parler, et dit qu'il s'étonnait com-

---

[1] Guischard.

[2] Docteur antérieurement à 1664 (?).

ment on nommait pour prédicateur un docteur qui n'était pas propre et idoine à cette fonction; qu'il n'avait point droit de suffrage en Faculté, ce qui était nécessaire; que lui avait ces qualités, et qu'il demandait cette fonction, et que si on ne la lui donnait pas, il s'opposait à la conclusion de la Faculté là dessus. Il fut écouté tant bien que mal; néanmoins il ne laissa pas de réussir; il avait gagné quelques docteurs de sa licence, et presq[ue] toute la jeunesse le nomma à la place de Berthe, et en effet [il] fut élu malgré la résistance de quelques-uns.

Ce qui est de vrai est que ce docteur pouvait avoir cet emploi; il sait assez parler pour cela, mais ce qu'il dit à la Faculté avec son ton menaçant méritait qu'on le chassât avec honte. Il n'est jamais permis de dire ce qu'il dit; dorénavant il ne tiendra qu'à (*sic*) un docteur de dire qu'il s'oppose, et cela suffira pour faire peur, particulièrement quand il est intéressé.

Voici ce que c'est que cette nomination. Par la fondation, il est porté que des bacheliers iront prêcher les fêtes et dimanches aux prisonniers. D'abord c'étaient des bacheliers même ubiquistes; enfin ceux de Sorbonne s'emparèrent du titre et nommaient eux seuls des bacheliers.

Ces bacheliers n'ayant point fait leur devoir, et les magistrats en ayant fait des plaintes, Messieurs de Sorbonne crurent qu'il fallait remettre le titre à la Faculté, qui élirait ou un bachelier ou un docteur, avec cette condition qu'un de Sorbonne serait préféré.

Ce parti fut pris et accepté par la Faculté, et on changea la fondation. A l'égard des bacheliers, on se détermina à nommer des docteurs *cum prærogativa eligibilitatis pro doctoribus ex Sorbona*. Et parce qu'il n'y a que 57 livres de rétribution, la Faculté fit une récompense [1] à celui qui serait chargé de cette fonction des émoluments de la Faculté, sans être obligé d'y assister, comme font ceux qui ont quarante ans de doctorat; de sorte qu'ils ne sont obligés à rien, et qu'ils reçoivent tout, ce qui fait un fonds raisonnable et qui fait rechercher cet emploi. On dit que Bornat est gueux, je m'en rapporte, ce que je sais est qu'il est intéressé en diable.

L'autre difficulté, touchant les suffrages, fut remise à l'exécution du règlement, qui est le 9ᵉ des règlements plus récents faits en 1695, pag. 38.

Le 2 août j'examinai un bernardin chez M. Le Carron [2] (*sic*), qui était doyen de l'examen; il me dit à propos de ce que l'on aurait parlé hier en Faculté contre les arguments trop longs, que Mons. Le Camus [3] auj[our-d'hui] évêque de Grenoble et cardinal, ne soutint dans toutes ses thèses de

[1] Attribua en compensation.

[2] On ne savait pas, en 1705, la date du doctorat de Le Caron; c'est peut-être Claude Caron, docteur en 1658.

[3] Étienne Le Camus, né en 1632, approbateur des *Pensées* de Pascal en 1669, mort en 1707.

Licence que la Somme de S' Thomas sans aucune positive; que feu Mons.
de Launoy, qui était exclu de la Faculté pour n'avoir pas signé la condam-
nation de M. Arnauld, vint à une de ces thèses et se mit parmi les bacheliers; qu'il se trouva par hasard auprès de M. Le Carron, qui était aussi
en Licence, et qui, connaissant M. de Launoy et sachant qu'il était ami de
M. Le Camus, lui demanda pourquoi il n'avait point mis de positive dans
ses thèses. Ce docteur lui répondit que la Licence n'était que pour répondre
de la scolastique; que pour ce qui est de la positive, [c']était une étude de
toute la vie. Si cela était, il y aurait beaucoup plus d'arguments aux thèses
qu'il n'y en a.

Je sais une chose encore de M. de Launoy à ce sujet. Il présida à la tentative de l'abbé [de] Verjus, frère du Père Verjus et du comte de Cressi,
aujourd'hui ambassadeur pour la paix à Delph[1]. Il est mort fort jeune,
sa thèse n'était composée que de scolastique, et il y eut 22 bacheliers qui
y disputèrent. Chaque argument ne dura qu'un quart d'heure.

Le lundi 2 sept[embre] 1697, il n'y eut rien du tout au *prima mensis*;
à peine l'assemblée fut elle commencée qu'elle fut finie.

Le syndic ne s'y trouva point, on dit qu'il était indisposé et qu'il voulait se défaire du syndicat. On parla fort de mettre à sa place M. Jollain de
Sorbonne; ce fut M. Garçon qui fit la fonction de syndic.

Le vend[redi] 6 sept[embre] 1697, je rendis visite à M. Boileau, qui a
été doyen de Sens. Il n'est pas prévenu en faveur de M. Roulland.

Il dit que c'est une échappée de savant, qui ne sait ni grec, ni latin, et
peut-être point de théologie; qui fait le sévère et le rigoriste sans sujet et
sans savoir ce que c'est. Il n'aime point les livres et ne les lit point; il aime
à faire bonne chère et boit rasade comme un allemand.

Mons. Boileau pense de M. Le Feuvre, syndic, comme moi. C'est un
homme qui sait du latin, qui parle aisément et qui a de l'esprit, mais il
n'a point de tête. Il veut quitter le syndicat comme un enfant qui se dépite
contre son déjeûner. Il n'y a pas de dignité en ce qu'il fait, et il ne peut
jamais imposer, ce qui est nécessaire néanmoins à un magistrat :

> Si forte virum quem
>
> Conspexere, silent

Le mec[redi] 17ᵉ sept[embre] à deux heures, j'assistai à l'examen pour
la Licence d'un nommé Vincent, qui est de Bayeux. Il répondit assez bien,

---

[1] L'abbé de Verjus, né vers 1631, mourut en 1663; le P. Verjus, jésuite,
né en 1632, mourut en 1706; Louis de Verjus, comte de Crécy, **membre de
l'Académie française, naquit en 1629; il prit part à Delft aux négociations**
de Ryswick, et mourut en 1709.

mais sait peu de positif. M. Le Blond[1] était le doyen, M. Cornuau[2] le troisième examinateur.

M. Le Blond, curé de St Leu, est de Navarre et a été sous M. Cornet; il dit que c'était un bon homme, qui était dévot comme une femme, qu'il est mort sans bénéfice et sans argent.

Le mardi 1er octob[re] 1697, j'allai au *prima mensis*. Après l'appel de ceux qui ont droit à l'euphémie, le syndic dit à la Faculté qu'il avait reçu une lettre de la part de la Faculté de l'Université d'Angers dont l'adresse était à la Faculté sous ce titre : A Messieurs, Messieurs les doyen, docteurs, &c. de la Faculté de Paris. Et en même temps la remit entre les mains du bedeau qui en fit la lecture. Cette lettre était en très bon latin et fort respectueuse pour la Faculté. L'Université d'Angers y demandait la filiation de la Faculté, c'est-à-dire [que] deux années d'études à Angers serviraient d'une année à Paris pour ceux qui voudraient être bacheliers; et en même temps que les docteurs de Paris pourraient se trouver aux assemblées de la Faculté d'Angers quand ils se trouveraient dans cette ville. On remit cette affaire au *prima mensis* du mois de novembre, à cause de l'élection du syndic qui se devait faire, et qui se fit en effet.

Mons. le syndic proposa encore deux affaires, une qui regardait un jacobin, le Père Colombat, et l'autre une grâce que Mons. le Prince de Conti demandait pour l'abbé de...., qui était en Licence et que ce prince a emmené avec lui en Pologne. Il demandait qu'on lui fît grâce pour le reste de sa Licence, et elle lui fut accordée en opinant pour l'élection du syndic.

M. Le Feuvre fit ensuite une harangue ou discours de remerciement, le plus juste, le plus propre, le plus éloquent qu'on puisse faire. Il ne dura qu'un quart d'heure, ou un peu plus, mais tout le monde aurait souhaité qu'il eût duré davantage. On ne peut pas exprimer en plus beau latin ce qu'il pensait, et on ne peut mieux penser pour une occasion comme celle-là.

Comme M. le doyen mettait la matière en délibération, *habetis deliberandum*, M. de Berlise[3] dit qu'il s'y opposait, et qu'il demandait auparavant qu'on délibérât le nombre des suffrages nécessaires pour l'élection: s'il fallait seulement un plus que la moitié, ou s'il fallait les deux tiers des présents, ou les trois quarts, et protesta qu'il n'opinerait point si on ne faisait ce qu'il demandait. Il est certain que sa demande n'était pas tout à fait impertinente; mais il dit cela avec tant de véhémence que, à l'exception de quatre ou cinq personnes, il révolta tout le monde contre lui, ce qui excita un grand bruit.

[1] Curé de Saint-Leu.
[2] Noël Cornuau, docteur en 1690.
[3] René de Berlize, docteur en 1664, exilé par le roi en 1682.

Le dessein de M. de Berlise était de troubler l'élection qu'il voyait bien devoir tomber sur M. Jollain [1], dont il n'est pas ami, aussi se déclara-t-il en opinant en faveur de M. Boileau de la S¹ᵉ Chapelle.

Le bruit étant cessé, Mons. Le Blond, curé de S¹ Leu, parla le premier et accorda la grâce de M. l'abbé de... et dit qu'il nommait pour syndic M. Jollain le sorbonien. M. Gobillon [2], curé de S¹ Laurent, opina ensuite, et fut du même sentiment.

Mons. Le Caron, qui ne peut jamais être du sentiment qui l'emporte, c'est son esprit et son humeur, élut Mons. Boileau de la S¹ᵉ Chapelle.

Quand M. Boileau s'entendit nommer, il protesta que cette nomination ne lui plaisait point: qu'il ne l'avait ni mendiée ni sollicitée, et qu'il priait tous Messieurs de ne le point nommer.

Il se serait bien passé de cette réclame, car il a beau dire, peut être n'y avait-il point de cabale de sa part, mais d'autres avaient cabalé pour lui: et je sais que si la Faculté lui avait offert le syndicat, il l'aurait accepté volontiers et ne l'aurait point refusé. Il m'en avait parlé lui-même de cette manière quand je le vis le 6 du mois passé.

Depuis M. Le Caron, les voix étaient tantôt pour M. Jollain, tantôt pour M. Boileau, mais beaucoup plus pour M. Jollain, de sorte que ce dernier se trouva avoir 104 suffrages pour lui, et ainsi fut élu.

Quand ce vint au rang de M. de Berlise, il répéta ce qu'il avait clabaudé au commencement de la proposition, et dit qu'il ne pouvait opiner, qu'il demandait toujours qu'on délibérât sur le nombre des suffrages, et que si on voulait faire ce qu'il disait il opinerait et nommerait M. Boileau pour syndic: mais qu'il ne disait point son suffrage. Comme M. de Berlise est naturellement un peu Trivelin ou Scaramouche, il faisait en parlant des gesticulations et des mouvements de visage qui firent rire l'assemblée à plusieurs reprises. La Faculté ne garda nullement sa gravité.

Il y eut encore deux ou trois occasions qui donnèrent lieu à quelques éclats de rire.

Le Père Chaussemer opina en normand; il ne fut ni pour l'un ni pour l'autre: il dit qu'on proposait deux hommes qu'il estimait également, qu'il ne croyait pas pouvoir se déclarer pour aucun d'eux, mais qu'il demandait que son suffrage *annumeraretur majori numero suffragiorum*, c'est-à-dire qu'il voulait donner sa voix à celui qui l'emporterait. Il fut hué de tout le monde, même de M. Boileau.

La deuxième occasion qui fit rire fut quand M. Mortier [3] opina; c'est un original en toutes choses. Il dit qu'il ne pouvait pas opiner non plus que M. de Berlise; qu'il fallait auparavant délibérer sur le nombre des suffrages

[1] Docteur en 1660.
[2] Docteur antérieurement à 1660.
[3] Merry Mortier, docteur en 1679.

nécessaires. Cette observation dans un jeune docteur excita un petit bruit accompagné de sourire; mais ce qui acheva de faire rire entièrement, c'est qu'aussitôt M. de Berlise prit la parole et dit : *Voilà, messieurs, le bon sens et la raison qui parlent, c'est ainsi qu'il faut opiner*, etc., ce qui étant accompagné de ses grimaces ordinaires, on ne put s'empêcher d'éclater.

Tout le reste se passa assez tranquillement, et enfin M. Jollain demeura syndic, et chacun s'en alla chez soi.

La vérité est qu'il y a quatre ans personne ne se serait avisé de croire que M. Jollain de Sorb[onne] pût jamais être syndic de la Faculté; nous verrons comme il s'en acquittera. Ce qui est certain et véritable, c'est qu'il n'entre pas dans cette magistrature avec une grande réputation; qu'il a de l'embonpoint, mais ce n'est pas de cet embonpoint qui fait *majestatem imperatoriam* ou *senatoriam.*

On prétend qu'à la cour les évêques docteurs qui connaissent M. Jollain ont turlupiné M. de Meaux, qui a sollicité pour le syndicat de ce docteur, et que cet évêque a répondu qu'il ne le connaissait pas, mais qu'on le lui a marqué; tout cela ne fait pas beaucoup d'honneur à la Faculté.

Le mec[redi] 3o oct[obre] j'examinai chez Mons. Chevillier[1]; ce docteur me dit qu'on était fort scandalisé dans sa maison de l'ordonnance de M. de Reims, non pas pour la doctrine, mais parce qu'il veut obliger une Faculté de Théologie à penser comme lui, ce qui est contre l'ordre. C'est à lui à penser comme une Faculté, car elle a un jugement doctrinal. En effet, cette ordonnance est ridicule, quand il n'y aurait que cette raison là.

Le lundi 4 novembre à l'assemblée, M Jollain fit sa harangue, dans laquelle il protesta qu'il était indigne de la magistrature que la compagnie lui avait déférée; mais que s'il n'avait pas tout le mérite nécessaire, qu'il aurait au moins toute la vigilance possible, qu'il n'épargnerait ni peine ni travaux pour faire observer les réglements, *jussa vestra*, et qu'enfin il serait toujours très reconnaissant de l'honneur que la compagnie lui a bien voulu faire; qu'il en témoignerait partout sa reconnaissance, et envers le corps, et à l'égard de chacun des docteurs. Il ne fit pas mal, néanmoins il s'en fallut beaucoup qu'elle (*sic*) ne fût aussi belle qu'avait été celle de M. Le Feuvre. L'un est un aigle, et l'autre est un bœuf qui sait parler.

Sa harangue finie, il proposa ce sur quoi il y avait à délibérer.

1° L'association de l'Académie (*sic*) d'Angers, qui fut renvoyée aux députés.

2° La nomination des docteurs qui doivent examiner la capacité, la diligence et les mœurs des bacheliers; ils sont dix.

3° L'intercession ou opposition qu'avait faite le Père Chaussemer à ce qu'un jacobin appelé de Lemiacé (?) fût reçu à l'examen, sous prétexte de quelques défauts dans ses lettres.

[1] Docteur en 166o (Registre ms. de la Sorbonne).

A l'occasion de cette intercession du Père Chaussemer, un autre jacobin, appelé le Père Rigal [1], demanda à parler, et parla assez bien. Il prit le parti du candidat jacobin dont il s'agissait, il en dit bien du bien, et reprocha ouvertement au Père Chaussemer qu'il n'agissait que par passion, par haine et animosité ou par amour, qu'il avait vu plusieurs religieux qui, parce qu'ils étaient des amis du Père Chaussemer, avaient passé avec de très grands défauts; et au contraire que plusieurs qu'il ne pouvait souffrir avaient eu des peines très grandes à pouvoir entrer en Licence; que tout le malheur du bachelier dont il s'agit est qu'il n'est pas de ceux qui adorent *Patrem Chaussemer*; il employa ce mot et fit un peu rire sous cape; que d'ailleurs il demandait qu'on examinât les lettres du Père Lemieil (?), qu'il était sûr qu'on n'y trouverait rien à redire, et il se tut.

On ne fut pas fâché de voir le Père Chaussemer un peu mortifié, et il le fut très fort.

Il n'y eut rien autre chose de considérable.

Le lundi 2 du mois de décembre, il y eut assemblée, mais le syndic ayant témoigné que les affaires proposées n'étaient pas en état, l'assemblée pour ce sujet fut remise au deuxième du mois.

Il y eut donc assemblée ce jour là, mais on ne fit encore qu'ébaucher et l'affaire des Jacobins et celle de l'Académie (*sic*) d'Angers.

Je ne pus m'y trouver, mais Mons. Le Breton [2] me dit le lendemain que le Père Chaussemer avait été fort mal traité.

Que Mons. Fromageau, en disant son avis, avait demandé que le Père Chaussemer sortît; que Mons. Boileau avait dit dans le sien qu'il ne se souciait pas qu'il sortît, qu'il demeurât s'il voulait, *etiam cum suâ præmotione physica*.

Il ajouta que l'étude de théologie des Jacobins était fort en mauvais ordre; qu'il serait bon que la Faculté en prît connaissance, et qu'on vît de quelle manière se font les années de théologie; qu'il trouvait cette affaire d'autant plus difficile que c'étaient des hommes angéliques, mais qu'il craignait que ce ne fût *ascensiones angelorum malorum*, et qu'en ce cas la réforme serait bien difficile.

Le reste alla son chemin: on dit que les députés en rapporteraient encore à la Faculté.

L'année 1698.

Le 2 jan[vier] il y eut assemblée; d'abord on fit les harangues des bacheliers qui sortent de Licence. Le syndic Jollain répondit, mais ce ne fut pas pour se faire honneur, où il se trompa fort; car jamais discours

[1] Docteur antérieurement à 1664 (?).
[2] Docteur antérieurement à 1664 (?).

ne fut plus plat. Après les harangues, on proposa plus[ieurs] choses , dont il n'y en avait que deux qui méritassent quelque attention.

La première au sujet d'une tentative d'un candidat qui, à ce que dit le syndic, après avoir fait quelques changements à sa thèse, et avoir supplié pour président Mons. Lempereur, [1] bénédictin, avait mis au bas de sa thèse l'évêque *de Châlon-sur-Saône* qui s'appelle *Félix,* et sous ce nom avait pris jour, sous lequel nom néanmoins il n'avait point supplié,

Le syndic fit grand bruit là dessus, et dit qu'il le fallait chasser ; la pluralité le renvoya aux députés.

La deuxième affaire était touchant une autre tentative dédiée à Madame la duchesse de Lesdiguières [2] ; il y avait ses armes.

Le syndic prétendit qu'il y a un règlement par lequel il est dit qu'on ne souffrira point de thèse dédiée à des femmes, *nisi de prosapia regia.* Mons. de Berlise me dit qu'il en avait une dédiée à feu Mademoiselle de Montpensier, où était son portrait, et fort découvert pour la gorge.

Cette affaire fut encore renvoyée aux députés.

Les docteurs sont les moins charitables de tous les hommes ; c'est qu'ils les connaissent et découvrent mieux les ressorts qui font agir les hommes. Quelqu'un dit que M. Jollain était frère d'un imager (*sic*), et qu'il voulait qu'on mît une image de la Vierge à la place, afin qu'on prît une planche de cette nature chez son frère. Ce mot est ridicule et n'a point de sel. Un autre, parlant des friponneries qui se font pour trouver jour à faire sa tentative, [dit] que M. Clarentin [3] commençait à radoter, que son esprit baissait furieusement, qu'il avait chez lui une vieille servante qui vendait la présidence de son maître, et que cette année elle l'avait vendue à trois ou quatre. Mons. Boileau dit qu'il était ridicule de proposer de telles choses en Faculté.

L'affaire de l'association de l'Académie (*sic*) d'Angers fut remise au quinzième (*sic*).

Le mec[redi] 15 il y eut assemblée ordinaire pour renvoyer les bacheliers de Licence ; le syndic leur parla suivant la coutume ; mais son discours ne lui fit pas honneur. Tout ce à quoi elle servit fut de faire connaître que *habet firma latera,* et de très bons poumons ; et il fut si outré dans la mission qu'il leur donna qu'il fit rire plusieurs fois.

Ensuite il proposa les affaires, principalement ce qui regardait l'association de l'Académie d'Angers, sur laquelle il y avait une difficulté qui est que les réguliers ont liberté d'être professeurs dans cette Académie, auquel [cas] on serait obligé à Paris de recevoir des séculiers au baccalauréat sur des attestations données par des professeurs religieux, ce qui

---

[1] Docteur antérieurement à 1664 (?).

[2] Sans doute l'amie de l'archevêque de Paris, Harlay de Chanvalon.

[3] Docteur antérieurement à 1664 (?).

M. A. Gazier.

est directement opposé aux mœurs de la Faculté, qui ne souffrent point les études des séculiers sous des religieux, *contra mores sacræ Facultatis.* Cette réflexion fit que la chose en demeura là.

Le Père Rozeblanche, [1] cordelier, qui est d'Angers, demanda que s'il arrivait que quelque cordelier docteur de Paris était à Angers et prié d'enseigner la théologie, la Faculté voulût bien consentir que les séculiers qui auraient étudié sous ce professeur cordelier pussent être admis à Paris comme s'ils avaient étudié sous des séculiers. Je ne sais ce qui fut dit [sur] cela; je crois que cette réquisition n'eut point bon effet.

Le sam[edi] 1 février 1698, il y eut assemblée, et, malgré le froid, beaucoup de monde. Mons. Guichard, doyen, était absent; M. Joisel tint sa place. Après plus[ieurs] rapports de tentatives et d'examens, le syndic fit les propositions qui furent quatre.

La première regardait le Père Deslandes [2], jacobin, qui était accusé d'avoir donné une fausse attestation d'étude.

La deuxième regardait l'agrégation de l'Académie d'Angers et la difficulté du Père Rozeblanche.

La troisième regardait un bachelier appelé La Batide. Le syndic, à la dernière assemblée, avait porté force plaintes contre lui : qu'il allait en habit court à l'Opéra et à la Comédie, qu'il était de mœurs corrompues et se frisait. Il paraît par là que les docteurs s'amusent à bien peu de chose, aussi bien que les autres.

La quatrième était sur la demande que faisaient quelques candidats pour pouvoir soutenir les premières semaines de carême.

Le Père Deslandes demanda à parler et parla en effet, mais assez mal, et ne plut pas.

On fit entrer aussi le bachelier La Batide, qui parla parfait[ement] bien, en très bons termes et de très bon sens; il plus fort.

M. Joisel, qui était prodoyen, au lieu de proposer simplement, s'amusa à dire son avis, qu'il avait préparé, et contre le Père Deslandes et contre La Batide. Il vomit contre l'un et contre l'autre une infinité d'injures; il dit que Deslandes était un faussaire et devait être puni comme tel, et fut d'avis de l'exclusion de la Faculté pour un an.

Sur l'association d'Angers, on ne peut pas dire plus d'impertinences et d'extravagances, très fines et très spirituelles à la vérité, mais indignes d'un docteur, et encore plus d'un homme qui tenait ce jour là la place de doyen. Il goguenarda les Facultés étrangères en cent façons toutes plus ridicules les unes que les autres; il les compara aux nations étrangères avec lesquelles Dieu défend de faire alliance à son peuple, et qu'il arriverait

---

[1] Docteur en 1679; son nom est écrit Rocheblanches dans l'ouvrage de 1705.

[2] Docteur antérieurement à 1664 (?).

de ces agrégations les mêmes désordres; qu'on introduirait par ce moyen dans la Faculté toutes les erreurs de ces Académies.

Nommément il dit des Angevins qu'ils sont *leves, mendaces*, etc.

Jusques ici on avait ri de la manière dont il s'était joué de l'Écriture à ce sujet; mais alors on commença tout de bon à trouver mauvais ce qu'il disait, et d'autant plus que, tenant la place de doyen, il ne devait point opiner. On fit quelques huées, mais qui ne le firent pas taire. A l'occasion de La Batide, il se récria contre les docteurs répétiteurs, qu'il appela *fistulatores et circulatores*, et les compara aux charlatans qui promettent la santé et font mourir en même temps par leurs remèdes. Il voulut s'étendre un peu ici, et dit que ce que ces-répétiteurs apprenaient étaient certains faits obscurs et qui ne servaient de rien. Mais ce ne fut pas le meilleur de son discours, car ces faits sont le fondement de toute la théologie, principalement en ce qui regarde la discipline, Et ainsi il refusa La Batide, aussi bien que les bacheliers qui demandaient le carême.

M. de L'Estocq opina ensuite et fut du même avis. Mons. Detouilli [1] (*sic*) de même. Mons. de La Roque fit grâce à La Batide, et M. Le Caron. M. Gerbais loua d'abord l'éloquence de M. Joisel et fut de son avis, hormis pour La Batide à qui il fit grâce. M. Boileau opina ensuite, qui loua M. Joisel, mais pour mieux reprendre et railler ce qu'avait dit M. Joisel sur Angers et contre La Batide. Il fit un peu rire, ce qui pensa dégénérer en gourmade [2], car M. Gerbais lui ayant dit qu'il achevât et qu'il faisait froid, M. Boileau lui répondit qu'il pouvait s'aller chauffer. Sur quoi M. Gerbais lui ayant dit qu'il lui fournirait *des fagots et des cotterets* [3], on ne vit point la pointe de cette réponse; mais M. Boileau s'en scandalisa fort, se leva, et parla contre M. Gerbais, après lui avoir dit qu'il l'honorait parfaitement.

Cela brouilla un peu la cervelle de M. Boileau, qui voulut continuer à parler, mais qui ne pouvait trouver qu'à peine ce qu'il avait à dire. Il était démonté; il avait auparavant turlupiné très agréa[blement] Jollain, syndic, et fort à propos, sur ce qu'il soufflait le froid et le chaud, ayant accusé La Batide dans une assemblée et l'excusant aujourd'hui. Il n'y eut que M. Fromageau qui opina après M. Boileau; il était onze heures et demie, et on s'en alla.

Depuis ce temps là jusque au 1ᵉʳ de mars, il ne se passa rien, mais la tragédie recommença à *prima mensis*.

Mons. de L'Estocq et M. Joisel demeurèrent toujours dans leurs sentiments; plusieurs docteurs les maltraitèrent en mots couverts en disant

[1] Antoine Bouzier d'Estouilly, docteur en 1660.

[2] Il y avait primitivement en *batterie*.

[3] On lit ici : *Infra*, et un signe renvoie au bas de la page, où se trouve cette note : «Le sens de ce mot est que M. Despréaux, frère de M. Boileau, a eu une fois des coups de bâton pour quelques vers faits mal à propos sur quelqu'un de qualité.»

leurs avis, et à la pluralité des voix on fit grâce à sept bacheliers pour faire leur tentative ou durant le carême ou après Pâques, et que *mora non noceret*. On reçut l'abbé de La Bastie (*sic*), et pour le Père La Lande (*sic*) il fut dit qu'il serait admonesté. Quant à l'affaire d'Augers, elle fut encore remise aux députés.

Mons. de L'Estocq voyant cela dit qu'il s'y opposait, attendu que cette conclusion serait contraire aux règlements.

M. le doyen ne laissa pas de conclure nonobstant l'opposition. Ainsi se passa le *prima mensis*.

Le dimanche d'après il se passa une scène à la maison de la Faculté. Le syndic, pour pouvoir donner jour plus sûrement aux bacheliers à qui on avait fait grâce, crut qu'il ferait bien si, outre les députés ordinaires, [il] assemblait ce jour là M. le doyen, l'ancien syndic, les quatre conscripteurs et les trois censeurs des mœurs.

Il se trouvèrent donc à la maison de la Faculté, et après avoir bien raisonné ils ne firent rien qui vaille; ils jugèrent à propos d'envoyer le bedeau à Mons. de L'Estocq et à M. Joisel pour les prier de se déporter de leur opposition; que les docteurs assemblés les en priaient.

C'est ce qui gâta tout, car ces deux docteurs, enflés de cette recherche, comme si on les craignait, répondirent fièrement que non seulement ils ne se désistaient point de leur opposition, mais qu'ils y persévéraient et la renouvelaient en tant que besoin était par le bedeau.

Quand cette réponse fut venue, jamais gens ne furent plus sots que les docteurs assemblés : ils virent bien qu'ils avaient fait une sottise, mais il n'était plus temps.

Celui qui en fut le plus fâché fut le doyen, à qui on dit qu'il revient un louis d'or de chaque tentative qui se soutient : et Mons. Guichard aime diablement les louis d'or.

Quelques-uns dirent que cette ambassade vers MM. Joisel et L'Estocq était un tour de maître gonin du syndic, qui est au fond de leur sentiment, mais qui ne veut pas le paraître. C'est un esprit naturellement fourbe, trigaud et malin. On verra ce qui en arrivera au *prima mensis* d'avril; cependant les pauvres candidats font des Expectatives au lieu de Tentatives.

Le mec[redi] 2ᵉ jour du mois d'avril, au *prima mensis*, après la lecture faite des délibérations du dernier mois, Mons. Joisel, comme chef des députés, parla de ce qui s'était passé dans les assemblées particulières; mais le tout se réduisit à dire qu'ils avaient donné à la maison de Sorbonne une somme d'argent appartenant à la Faculté au denier 24, et que la maison de Navarre, qui devait aussi une rente à la Faculté, demandait que du denier 22 où elle était elle fût réduite au denier 24, et que les députés avaient jugé à propos de faire ces deux choses.

Il dit aussi que M. de L'Estocq et lui avaient été étonnés qu'on eût conclu nonobstant leur opposition, et qu'on eût inséré dans les registres une conclusion semblable.

Il y eut quelques licenciés qui demandèrent à prendre le bonnet *extra ordinem*. Comme j'avais affaire au logis, je sortis et n'entendis pas ce qui se passa.

Le vend[redi] 4, M. Le Breton me vint voir et me raconta ce qui s'était passé en Faculté; que l'affaire étant mise en délibération on obligea Messieurs Joisel et de L'Estocq de se retirer pendant qu'on opinait, puisqu'il s'agissait de leur opposition.

Ces deux docteurs ne se retirèrent pas sans peine et sans se plaindre qu'on leur faisait injure; car ils auraient bien voulu ne point sortir. On leur porta même plusieurs bourrades qui ne devaient pas leur plaire, qui n'étaient pas des bourrades de charité, car comment y en aurait-il de cette nature entre des docteurs ?

Quand ils furent sortis, on opina sur le fond des matières, et la conclusion du mois passé fut confirmée.

Mons. Hideux reprocha à Mons. L'Estocq que dans l'affaire de l'abbé de la Bussière, de La maison de Navarre, que l'on voulait exclure pour ses absences, il avait opiné une fois pendant deux heures pour l'exclusion, et que trois jours après, ayant été sollicité par M. le maréchal de Catinat, il avait opiné pendant trois autres heures en faveur du même La Bussière. Cela fit rire bien fort, et d'autant plus qu'on savait le mobile de toute cette intrigue, qui est un pur mobile d'intérêt.

Mons. de L'Estocq a une chaire de professeur par la fondation de laquelle il est dit que le professeur qui l'occupera ne pourra posséder ni cure, ni chanoinie, ni autre bénéfice incompatible; cela est en termes exprès. Nonobstant cela, il y a trente ans que M. de L'Estocq est chanoine, et qu'il jouit des fruits de son canonicat sans y assister. Il y a un an que les docteurs de la Maison de Sorbonne lui firent une déclaration nette et positive qu'ils voulaient que, conformément à la fondation, il quittât son canonicat; autrement qu'ils nommeraient un autre professeur. Cela embarrassa M. de L'Estocq, qui se trouve bien d'un canonicat qui ne lui donne aucune peine et dont il tire de bon argent. C'est pourq[uoi] il tenta toutes voies pour accommoder, et en effet il en trouva une par le moyen du maréchal de Catinat, qui lui dit qu'il trouverait moyen d'arrêter l'ardeur de la maison de Sorbonne sur son canonicat; mais qu'il fallait qu'il favorisât La Bussière, que l'on voulait exclure pour ses absences. Jamais grâce ne fut plus efficace; M. de L'Estocq changea tout d'un coup, et La Bussière fut admis.

La postérité jugera comme elle voudra de nos docteurs; mais la plupart n'agissent pas autrement.

Mons. Joisel ne fut pas hors d'atteinte plus que M. de L'Estocq; on lui reprocha que M. l'abbé de St Hilaire (?) ayant un défaut essentiel pour sontenir sa tentative, qui est qu'il n'avait pas l'âge porté par les règlements; néanmoins il avait obtenu sans peine dispense en prenant M. Joisel pour président, qui ne dit rien en vue de l'argent qu'il devait avoir pour sa présidence.

Les docteurs ne s'épargnent pas, et il est étrange comment ils ne sont [pas] plus sages, du moins à l'extérieur, qu'ils sont ordinairement, sachant que dans les occasions on ne les épargnera pas. Il y eut encore d'autres brocards qui furent jetés par ci par là.

Le vend[redi] 2 mai, il y eut une assemblée; je ne pus y assister; il n'y eut rien touchant l'affaire de la filiation d'Angers.

On parla de l'argent qui était de reste à la Faculté; on dit que toutes choses payées il restait tous les ans la somme de deux mille livres.

M. Joisel, à l'instigation de M. de L'Estocq, proposa que de cet argent on en fît des distributions pour les docteurs qui assisteraient aux thèses. M. de L'Estocq opina de même, et cet avis plaisait fort à Messieurs les pantoufliers de Sorbonne, qui profiteraient de tout cet argent, presque toutes les thèses se faisant dans leur collège.

Les autres docteurs furent partagés; les uns voulurent que cela servît à augmenter les droits déjà établis, les autres remirent l'affaire encore aux députés, et tous les deux se réunirent pour dire qu'ils n'étaient point de l'avis de M. Joisel.

Ainsi finit l'assemblée, au grand chagrin de M. Lestoq (*sic*).

Il y avait très peu de docteurs. Le Père Chaussemer bourra un peu M. de L'Estocq sur l'intérêt qu'il prenait de vouloir profiter de cet argent à l'exclusion des autres docteurs; le curé des Saints Innocents lui dit aussi quelque chose.

Le 2 juin, lundi, il y eut assemblée, et peu de monde. On n'y parla que d'un étudiant qui a présenté à Tourneli [1] de faux témoignages signés par d'autres étudiants que par ceux que nomment les professeurs, afin d'avoir ses attestations; on parlait de l'exclure pour jamais de la Faculté.

On parla encore de l'usage qu'on devait faire de l'argent de la Faculté. Ces deux affaires furent renvoyées aux députés avec addition d'autres députés à ceux qui étaient déjà nommés.

Il n'y eut rien en tout cela ni pour rire ni pour pleurer.

Le Père Chaussemer s'échauffa un peu sur ce que, quand il s'agit *de ærario Facultatis*, les réguliers sont exclus de la députation; ils ne peuvent être députés. Il n'y a point de loi, mais c'est une coutume immémoriale. Il pesta un peu contre cela comme contre un abus.

Le mardi 1er juillet 1698, j'arrivai comme le syndic faisait sa réquisition. Il avait expliqué ce qui avait été agité parmi les députés touchant l'emploi de l'argent de la Faculté, et il dit qu'à la réserve de deux ils

[1] Honoré Tournely, né en 1658, docteur en 1686, mort en 1729.

avaient été d'avis d'en employer ce qui conviendrait pour faire un deuxième examen avant la Licence, et harangua même assez longtemps pour
montrer l'utilité de ce deuxième examen.

Après qu'il eut fini, le doyen fit les propositions qui étaient la matière
de la délibération de ce jour.

1° De Licentiatis qui postulant pilo doctorali donari ante ordinem
suum.

2° De expendenda pecunia Facultatis.

3° De nommer les approbateurs des livres.

Mons. Du Saussoy [1] opina le premier, et a dit mille plaisantes choses
sur la scolastique; il voulut faire entendre qu'il n'y avait que saint Thomas
qui était bon; qu'anciennement il n'y avait point d'examen à la Licence,
qu'il fut établi pour la Licence devant celle de M. de L'Estocq, c'est-à-dire
pour la Licence de 1650 et 1651.

Après que le doyen eut proposé, M. Blampignon, *tanquam antesigna-
nus*, dit en assez mauvais latin, et d'une manière plus effrontée qu'as-
surée, et raisonnant mal le plus souvent, [qu']il voulait faire une remontrance contre la proposition du deuxième examen, et faire entendre que
si on la délibérait il y ferait opposition.

Il fut écouté avec assez de mépris, et on voyait que son but était de se
faire nommer parmi les députés. Quand il eut fini, comme si de rien
n'avait été, M. Saussoy (*sic*) opina comme j'ai dit, et il ne fut point pour
l'examen, mais il ne fut point contre; il dit que *res indigebat ampliori
examine*. Il insinua une chose, qui est que l'on ne remédierait jamais à
tout le mal dont on se plaignait qu'en faisant tirer les présidents comme
on tire les examinateurs.

Mons. de L'Estocq opina ensuite, nomma les approbateurs des livres,
et accorda la demande des Licenciés.

Pour ce qui est de l'argent, il rapporta ce qui s'était passé entre les
députés; quelques-uns avaient été d'avis qu'on employât cet argent pour
l'assistance à l'office divin; d'autres qu'il le fallait distribuer manuelle-
ment à ceux qui assistaient aux actes; 3° que lui il avait été d'avis
qu'on s'en servît pour remettre les présidences en leur entier [2]; qu'il
persistait encore dans ce sentiment, et que pour ce qui est de l'examen, il n'était point de cet avis; que celui qui y était suffisait. Je
n'entendis point les autres avis jusqu'à M. Gerbais; il opina très juste
et fut de l'avis d'un deuxième examen, auquel serait employé l'argent de
la Faculté.

Après lui opina M. Le Feuvre, de Navarre, qui a été syndic. Il voulut

[1] Docteur antérieurement à 1660 (Registre ms. de la Sorbonne).

[2] En note : «Pour trouver des fonds aux examens doubles, on a pris la moitié
des présidences.»

répéter quelque chose de ce qui s'était passé dans l'affaire des **trois examens**; mais Blampignon l'interrompit tellement, et d'une manière si crocheteuse, qu'il fut obligé de se taire pour quelque temps; après quoi il reprit, et dit qu'il s'agissait *de pecunia Facultatis,* si on l'emploiera, et à quel usage, et fit ici une histoire des acquisitions de la Faculté.

Il dit que dans les registres il paraît qu'il ne s'est point passé de *biennium* que la Faculté n'ait fait des acquisitions; que cependant aujourd'hui il ne s'en trouve plus rien.

Il conta (*sic*) aussi les acquisitions de ce siècle.

Qu'il croit que c'est une prudence de garder de l'argent et de faire de nouvelles acquisitions; que les biens dépérissent et viennent à rien. Quant à l'examen, il dit qu'il n'était nullement attaché à l'établissement qu'on en proposait: qu'il croyait que l'on pouvait ne le point faire, mais aussi que quand on l'établirait, il ne voit point le mal que cela dût faire à la Faculté, si ce n'est que pour faire ces examens il fallait être habiles, et plus étudier que boire et crapuler.

Que ce n'était point une nouvelle charge, puisqu'il est vrai de dire que la peine et les travaux pour être bacheliers étaient plus grands autrefois que ne sont aujourd'hui ceux qu'il faut subir pour être docteur.

1°, dit-il, autrefois il fallait trois années de philosophie, deux de logique et physique, et la troisième de morale.

2°, il fallait six années de théologie, car on ne prenait qu'un professeur; après cela on faisait lire la Bible pendant deux années, ensuite on lisait pendant deux ans le Maître des Sentences. et à la fin de chaque trimestre on soutenait *un principe*, qui était alors un acte solennel et très considérable.

Après toutes ces épreuves, on était mis entre les mains des docteurs pour savoir si on était en état de soutenir sa tentative. On en disait les preuves et on soutenait. etc.

Avant que d'entrer en Licence, il y avait encore des leçons à faire. Que pour toutes ces raisons. il croyait qu'on pouvait suppléer à tous ces manquements en substituant un deuxième examen.

Quelques-uns opinèrent encore, jusques à M. Feuvrier [1]. Celui-ci fut d'avis qu'on donnât l'argent aux pauvres docteurs, du nombre desquels il s'est mis par ses procès et son peu de conduite. On l'accuse d'avoir aimé à boire; il est breton; il pourrait boire alors amplement. Il ne dit rien des examens.

L'abbé de Soubise [2]. prieur de Sorbonne, fit supplier par le syndic que la 1ʳᵉ sorbonique en laquelle il doit haranguer fût différée au vendredi

[1] Peut-être Laurent Le Février, docteur en 1668.

[2] Rohan-Soubise, futur évêque de Strasbourg et cardinal (1674-1740).

1 1ᵉ du mois de juillet ; elle devait être soutenue le 4 du même mois, le premier vendredi après la Saint-Pierre.

La raison qu'il en apporta est l'absence de tous les parents de l'abbé de Soubise, qui voulaient être à la harangue, et qui ne pourraient pas y être si elle se faisait le 4ᵉ ; cela fut accordé sans délibérer.

Elle fut soutenue ce jour-là, 1 1ᵉ du mois, l'archev[êque] y vint.

Le vendredi 1ᵉʳ août 1698, il y eut assemblée fort nombreuse ; on y accorda quelques grâces.

L'affaire des deux examens fut renvoyée aux députés, auxquels on ajouta Mons. Blampignon pour l'apaiser, parce qu'il avait fait du bruit ; M. Gerbais fut même de cet avis.

Mons. le syndic proposa de la part de Mons. l'archevêque qu'il y avait un grand nombre de moines hibernois réfugiés d'Irlande et qui étaient chassés, qu'il fallait les soutenir et les faire subsister, et que la Faculté ne voudrait pas refuser sa charité à ces exilés. Il fut conclu qu'on donnerait de l'argent qui est *in ærario* une somme de mille livres par provision. Je sortis de bonne heure, et ainsi je n'ai point su les particularités.

Le 16, M. Chanu [1] me dit qu'outre les mille livres ci-dessus la Faculté avait résolu qu'on emprunterait une somme de deux mille livres pour faire la somme de mille écus ; et que pour cela il s'est tenu deux petites assemblées où ces choses ont été réglées. Je n'en ai point ouï parler.

Le lundi 1ᵉʳ septembre, on ne proposa rien ; on ne fit que lire la conclusion de l'assemblée précédente ; le syndic rapporta seulement que Mons. l'archev[êque] ayant su que la Faculté avait délibéré de donner mille écus pour les moines irlandais, il avait mandé le syndic et le bedeau, et s'était fait apporter les mille écus, lesquels lui avaient été remis.

Le syndic dit à quelques-uns que ayant représenté à M. l'archevêque que la conclusion devait être approuvée ; qu'il ne pouvait validement délivrer l'argent ; que peut-être quelqu'un pourrait s'y opposer ; que là-dessus l'archev[êque] lui dit : *Donnez toujours l'argent, et si quelqu'un s'y oppose, il aura affaire à moi.* Voilà ce qu'on appelle parler dévot et l'être en effet.

M. Dubois, qui est à M. l'archev[êque] de Reims, me dit que le livre de M. Joly : *In laudem Erasmi* a été mis entre les mains des examinateurs des livres, et qu'il sera approuvé *nomine Facultatis*.

La censure contre Érasme est l'ouvrage de *Natalis Beda* tout seul ; la Faculté n'y eut point de part.

Le merc[redi] 1ᵉʳ oct[obre] je n'allai point au *prima mensis* ; il n'y eut rien de considérable ; on ne parla plus des examens. Le syndic se plaignit qu'il s'était présenté des bacheliers qui avaient contrefait des signatures de professeurs en théologie pour des attestations.

On approuva l'argent donné pour les moines d'Irlande.

[1] Docteur antérieurement à 1664 (?).

Le mardi 4ᵉ nov[embre] il y eut assemblée. Le syndic enfin proposa les deux examens pour la Licence, et après beaucoup de dispute de part et d'autre entre les docteurs, ils furent comme délibérés à la pluralité des voix ; néanmoins ce ne fut pas si unanimement qu'il n'y eût des contradicteurs. On dit que Mons. Blampignon, quoique député, fut d'un avis contraire ; mais il n'osa faire de protestations comme il avait fait l'année passée.

Mons. Boileau n'était pas trop de l'avis des deux examens ; néanmoins il ne s'y opposa point ; il turlupina seulement assez longtemps sur l'inutilité de ces deux examens, qui sont, dit-il, tout à fait inutiles, de la part même des docteurs mêmes (*sic*), qui le plus souvent ne savent pas les choses sur lesquelles ils doivent interroger. Il fit le récit de quelques examens qui avaient été faits chez lui, où les docteurs ne savaient ce qu'ils disaient.

Il n'y a point d'homme plus capable de rendre la Faculté ridicule, et d'en faire connaître la faiblesse. Les Jésuites le devraient aimer par cet endroit-là.

Le lundi 1ᵉʳ décembre, la conclusion touchant les deux examens fut lue et confirmée. Elle porte qu'il y aura deux examens, le premier, qui sera de la scolastique, *et præcipue de prima secundæ partis divi Thomæ*. Le deuxième examen sera *de positiva et de sacramentis, de præcipuis Scripturæ capitibus et quæstionibus, de Ecclesiæ auctoritate, de Conciliis et historia ecclesiastica*.

Cela fut approuvé *nemine reclamante*.

Il y eut une autre affaire qui donna beaucoup lieu aux turlupinades de Mons. Boileau.

Un bachelier qui avait pris jour pour une sorbonique à un vendredi du mois de novembre a quitté la Licence, et par là a laissé un jour vacant. Un autre bachelier ayant su cela s'est mis en état de faire sa majeure ce jour-là, et parce qu'il n'avait pas le temps nécessaire, sa thèse n'était que manuscrite et il n'y en avait que deux exemplaires, l'un pour lui, et l'autre pour le bachelier disputant. D'ailleurs, parce que cela aurait fait du bruit, il avait choisi St Victor pour soutenir : le lieu étant très éloigné, il était probable qu'il n'y aurait personne. En effet, outre quelques censeurs, il ne s'y trouva personne.

Comme cet acte n'est pas tout à fait dans la forme ordinaire, il était sujet à revision. Les députés avaient jugé qu'il n'y avait aucun défaut essentiel, et la Faculté en a jugé de même, de sorte que l'acte a été admis. M. Gerbais était néanmoins d'avis de le rejeter, mais M. Boileau rejeta cet avis en turlupinant le syndic pendant un très long temps. Il le fit avec tant d'affectation [1], et le tourna en tant de manières qu'on vit bien qu'il y

---

[1] D'*animosité*, effacé.

avait du ressentiment de ce que M. Jollain lui avait été préféré pour le syndicat. Bien des gens blâmèrent M. Boileau.

L'un de ces deux examens établis doit être fait aux dépens de la Faculté; il n'en coûtera pas davantage aux bacheliers que s'ils n'avaient qu'un examen.

Prima 1ᵃ mensis de jan[vier] 1699. Rien.
L'histoire de la Sorbonique de l'abbé de Soubise G. pag. 336. [1].
Prima 1ᵃ mensis fév[rier]. Rien.
Prima 1ᵃ mensis mars, il n'y eut qu'une plainte faite par M. Joisel contre un bachelier qui avait soutenu que *Privilegia monachorum non potuerunt concedi, quia nulla sunt.* Il voulait que le bachelier fût chassé.
1ᵃ mensis d'avril G. p. 380.

Octobre 1699.

Le jeudi 1ᵉʳ octobre. Jamais on ne vit tant de monde au *prima mensis*; surtout tous les dévots de Paris y étaient, les curés et les vicaires, comme créatures de l'archevêque de Paris.

Ce *prima mensis* est le jour auquel de deux ans en deux ans la Faculté se doit nommer un syndic, et effectivement le nomme depuis quelques années. Suivant une espèce de convention verbale faite par devant et du bon plaisir de nosseigneurs les archevêques de Reims et de Paris, les syndics doivent être choisis alternativement de Sorbonne, de Navarre et des ubiquistes.

Comme c'était le tour de ces derniers, la plupart avaient jeté les yeux sur M. Hideux, curé des Saints-Innocents; d'autres, en plus petit nombre, étaient pour Galliot, principal des Trésoriers. On m'a dit depuis que ce dernier aurait été porté par les Sorboniens parce qu'il est tout à eux, mais l'archevêque a fait changer de ton.

Le curé des Innocents et lui n'en ont tâté que d'une dent.

L'archevêque est venu à la traverse, qui a dit qu'il fallait nommer ou élire M. Le Bas, curé de Saint-Christophe, et il a été nommé ou élu presque tout d'une voix.

Ce n'est pourtant pas pour son mérite et pour sa capacité. On ne sait pas bien qui a pu obliger de proposer un aussi maigre sujet. Plusieurs en apportent plusieurs et différentes raisons.

1° Il y a apparence que ce sont les dévots, dont l'archevêque est obsédé, qui lui ont donné cette pensée.

2° Après quelques réflexions, il a pu croire qu'il serait son homme,

[1] Ces indications ne pouvaient servir qu'à l'auteur du Journal.

qu'il serait entièrement à lui, qu'il n'oserait rien sans le consulter; que
d'ailleurs, dans les sentiments où est M. Le Bas, il ne souffrira rien dans
les thèses qui puisse choquer Rome, et par conséquent qui puisse troubler
la vue d'un cardinalat, et empêcher que le chapeau de l'archevêque ne
prenne facilement couleur.

Car il est certain que jamais homme ne fut ni plus infaillibiliste que
M. Le Bas, ni plus opposé aux libertés de l'Église gallicane, il ne les
connaît que sous le nom de Libertinage.

3° L'archevêque est sûr que cet homme-ci ne tournera point du côté de
l'archevêque de Reims, car la dévotion n'empêche pas qu'on ne soit un
tant soit peu jaloux. L'archevêque veut aussi bien que son prédécesseur
être maître de rapporter au roi ce qui se passe en Faculté.

C'est cette dernière raison qui a donné l'exclusion à Galliot; l'archevêque a dit qu'il ne le connaissait point, qu'il ne l'avait jamais vu, et qu'il
y avait lieu de croire qu'il était attaché à quelqu'un, on voulait dire à l'archevêque de Reims.

Pour ce qui est du curé des Innocents, quoique l'archevêque l'estime
en quelque façon, il y a apparence que quelque dévot agrédien et stri-
gonien l'a fait souvenir qu'il est trop facile à approuver des livres; on
accuse les Sulpiciens de l'avoir desservi: et qu'il est probable (*sic*) qui
signerait (*sic*) tout ce que l'on voudrait dans les thèses. On a rappelé les
approbations des livres de Du Pin. Cette raison est d'autant plus véritable
que Mortier (?) en opinant sur le choix du syndic dit dans son avis: *Non
volumus syndicum qui subsignet omnibus sibi propositis.* Cela revient tout à
fait à la pensée de l'archevêque; aussi est-ce M. Vivant le promoteur qui
me l'a insinué quand il m'a parlé du syndic.

Cette raison néanmoins n'aurait pas suffi toute seule, et bien loin de
donner l'exclusion au curé des Innocents, elle lui aurait donné les voix de
la plupart, principalement des jeunes. C'est pourquoi l'archevêque crut
qu'il fallait solliciter, et c'est à quoi ont été employés ses grands vicaires et
son promoteur avec le curé de Saint-Leu: ils ont été presque chez tous
les docteurs.

Ils avaient si bien fait leur devoir que dans les avis c'était à qui témoignerait le plus son sentiment pour M. Le Bas. Il n'y eut que M. Boileau
qui rompit la glace le premier, et qui ayant fait un fort bon discours sur
les qualités d'un syndic et la connaissance qu'on doit avoir de son mérite
pour lui donner sa voix, il nomma M. de La Roque [1]. C'est un ubiquiste
ancien qui a été longtemps théologal de Meaux; c'est tout ce que j'en sais.
On dit que le discours de M. Boileau fit peur aux partisans de M. Le Bas,
mais il ne fit que peur et point de mal. Il ne fut suivi en son avis que de
cinq personnes. Tous les autres furent *Bastiens*, excepté encore trois qui

[1] Docteur antérieurement à 1664.

ne voulurent point sacrifier à Bélial. Ils nommèrent Monsieur Hideux ; ce fut trois coups tirés en l'air.

Enfin M. Le Bas fut proclamé syndic à la pluralité des voix. Quelqu'un dit d'un ton un peu bas que M. l'abbé Drubec avait eu raison [de] dire : *Mutavimus jugum, non excussimus*. En effet il parut une cabale si visible et un dévouement si entier aux volontés de l'archevêque qu'on aurait pu appliquer à la Faculté, ce mot de Tacite en parlant de la lâcheté du sénat qui reçut consul le cheval de Caligula. Si l'archevêque avait voulu faire son suisse syndic, il l'aurait été de même que M. Le Bas.

Il y avait une autre affaire dont les députés devaient rapporter ; c'est ce qui regarde ce bachelier qui avait répondu dans un examen que le pape est infaillible ; mais il n'en fut rien. Le chapeau rouge effacera encore la mauvaise couleur de cette affaire ; elle tombera par terre par l'intrigue de l'archevêque, qui en fait sa cour au nonce.

On m'a assuré depuis que l'archevêque pour faire sa cour au nonce, avait envoyé quérir La Coste [1] et lui avait fort lavé la tête ; qu'il était un étourdi, qu'il ne devait point parler de cette affaire en Faculté sans lui en avoir donné avis. Quelques-uns même croient que La Coste ne demeurera pas longtemps dans le poste où il est. Les dévots se vengent mieux que d'autres quand il y va de leur intérêt.

Le curé des Innocents m'a dit qu'il avait été voir l'archevêque depuis le *prima mensis*, que cet archevêque lui avait paru surpris et un peu déferré. En effet cette affaire du syndicat a été mal concertée. Le curé m'ajouta qu'il avait reproché à l'archevêque, toutefois avec respect, qu'il n'était point fâché de n'être pas syndic ; que chacun savait qu'il n'avait fait aucune brigue pour cela ; qu'il aurait été à souhaiter seulement que Mons. l'archevêque n'eût point attendu à la veille à marquer ses intentions, lorsque toute la Faculté avait jeté les yeux sur lui, et l'avait nommé d'intention. Qu'il fallait l'avertir, qu'il aurait averti lui-même ses amis, et aurait donné lieu à M. l'archevêque de faire ce qu'il aurait souhaité. Que personne n'aurait crié et dit qu'il veut dominer sur la Faculté, comme on a dit.

Le même curé veut faire une histoire de tout ce qui s'est passé en Faculté à cette occasion. Il pourra faire une historiette drôle en l'assaisonnant un peu ; surtout s'il fait valoir ce que dirent Mons. Boileau et Monsieur Feuvrier.

Chacun sait que ce docteur est plaisant, et qu'il goguenarde en latin parfaitement bien [2] : il ne manqua pas en cette occasion. Il dit qu'il était fort combattu dans le choix qu'il devait faire d'un syndic ; qu'il en voyait deux de nommés, pour la nomination desquels il se trouvait pour ainsi

[1] Docteur antérieurement à 1664 (?).
[2] Il y avait d'abord : fort agréablement.

dire entre un fils et un père, savoir qui il nommerait. Que Mons. Le Bas était
son fils. parce qu'il l'avait reçu en l'examinant ; que Mons. de La Roque
était son père, ayant été examiné par lui. Que M. Le Bas était un honnête
homme, mais que lui il a beaucoup d'obligations à M. Larroque (*sic*).
D'ailleurs que c'était un mérite connu, un ancien ; qu'il avait sûrement les
qualités qu'a demandées M. Boileau. Que de l'autre côté M. Le Bas était un
jeune docteur en comparaison : qu'il n'avait jamais paru en Faculté, qu'on
ne l'y connaissait point ; qu'on ne voyait pas en lui une grande santé.
Tout cela est vrai, dit-il, mais il a la recommandation de Mons. l'archevêque : c'est beaucoup : il plaît au prélat de Paris, il faut qu'il ait un
mérite que nous ne connaissons point. C'est pourquoi je le nomme
syndic.

On peut croire combien on sourit à un tel discours ; il n'y a pas apparence que jamais l'archevêque de Paris lui donne de bénéfice. Depuis j'ai
appris de M. Du Pin [1] que l'archevêque s'était expliqué sur ce syndicat,
et qu'il avait dit que c'était Saint-Sulpice qui avait empêché le curé des
Innocents d'être syndic, et qu'il n'avait songé à M. Le Bas (*sic*) que parce
qu'il n'avait trouvé personne que lui qui pût plaire universellement.

M. Du Pin me dit encore que l'archevêque avait pensé aussi au nommé
Binet [2], curé de la basse Sainte-Chapelle, pour être syndic, mais que l'on
vit bien que personne n'y donnerait. C'est pourquoi il tourna du côté de
M. Le Bas.

M. Du Pin me dit que ce Binet est un mérite médiocre, qu'il ne sait
pas parler. Il fait pourtant un peu l'entendu, etc. Il est intime des Jésuites,
c'en est assez pour parler haut.

Au *prima mensis* de nov[embre] il n'y eut rien de conséquence. Mais il
n'en fut pas de même au *prima mensis* de décembre. Le Feuvre, de Navarre,
qui est un homme tout d'esprit, mais méchant et traître en diable,
homo vaferrimus, qui ne vaut rien du tout, qui vendrait son père pour
trouver lieu à faire sa cour : il a l'âme basse et rampante.

Il entreprit avec un nommé Le Moine [3], de la maison de Sorb[onne], de
faire accorder par la Faculté à l'abbé de Soubise, après sa prise de bonnet,
tous les droits et les privilèges des docteurs résumptés.

Le syndic, qui n'est qu'un blêche (*sic*) et un normand, ne s'y oppose
point ; il propose la demande, et le doyen ensuite. D'abord ils prétextèrent
splendorem natalium ; qu'il est de famille *Prince*, afin de donner moins
d'ombrage. Cette proposition fut écoutée avec indignation, et la plupart
s'en allèrent de colère, de sorte que l'affaire passa par la brigue. Mais il

[1] Ellies Du Pin, cousin de Racine, né en 1657. docteur en 1684, mort
en 1719.
[2] Docteur antérieurement à 1664 (?).
[3] Peut être Antoine Lemoine, docteur en 1696.

est honteux à l'abbé de Soubise de jouir des droits des résumptés, d'entrer par une telle porte dans la Faculté. Dans la conclusion, on fit glisser: *Non tam propter splendorem natalium quam summam et omnibus notam eruditionem*, ou autre chose semblable.

Ceux qui croient voir clair pensent que c'est la Maison de Sorbonne qui fait faire ce coup pour essayer si elle ne pourra point faire réussir une semblable grâce pour son premier Prieur, et ensuite pour tous les deux.

La Coste, que j'ai rencontré le 14 de ce mois, me dit que le roi avait entendu parler de son affaire pour le bachelier qui avait répondu que *le pape était infaillible*, et qu'il en avait parlé à Mons. l'archevêque, et qu'il avait dit : Le docteur a eu raison, mais il né faut point réveiller cela davantage.

Le mardi 22, M. l'abbé Du Pin me dit que l'archevêque de Reims et même celui de Paris étaient fort fâchés de la grâce accordée à l'abbé de Soubise ; que ç'a été une surprise faite à la Faculté, et concertée par l'abbé Le Moine et Le Feuvre, de Navarre. Voici comme cela arriva. Le syndic n'en savait rien ; du moins il ne proposa que de lui accorder de prendre le bonnet hors de rang, et de nommer six anciens docteurs qui le présentassent à M. le Chancelier pour le licencier. Il ne proposa autre chose ; cela était comme de droit.

Mons. Gobillon [1], qui opina le premier, releva extrêmement le mérite de M. de Soubise, et dit qu'on ne pouvait refuser la grâce que le syndic demandait pour lui ; mais qu'il croyait qu'il faudrait ajouter à cette grâce, qui était de lui accorder *tous les privilèges des docteurs, l'exemption de résumpte et des six années*. Tout le monde d'abord fut fort étonné d'entendre une telle proposition ; aussi personne ne suivit cet avis jusqu'à Mons. Le Feuvre qui, vendu à l'iniquité et à la faveur, parla encore plus ouvertement que M. Gobillon, et dit qu'il ne croyait pas qu'on pût refuser la grâce dont avait parlé M. Gobillon ; que le mérite de M. l'abbé de Soubise était si grand et si élevé que rien ne lui pouvait être refusé.

Mons. Roulland opina à peu près de même ; on dit que ce fut malgré lui, et enfin tous les autres dirent *idem*, et ainsi la grâce fut accordée tout d'une voix, *sans qu'on sût à peine ce que l'on accordait*. Tous les docteurs qui ont ouvert les yeux voient l'impertinence de leur conclusion, mais il n'est plus temps.

Cejourd'hui Mons. l'abbé de Soubise a pris le bonnet : il y eut un peu de confusion d'abord. On avait mis dans la chapelle un fauteuil de velours vert avec un carreau de même, et aux deux côtés deux chaises sans bras pour le grand maître et pour le chancelier. Cela n'avait pas été disposé ainsi sans ordre ; c'était pour faire valoir la modestie prétendue de l'abbé. Car cet abbé, ayant ôté le carreau qui était sur le fauteuil, dit qu'il

---

[1] Docteur antérieurement à 1660. (Registres mss de la Sorbonne.)

ne s'y mettrait point. Alors on alla chercher des chaises semblables, et ne s'en étant point trouvé on se servit de trois fauteuils de même manière.

JANVIER 1700.

Je ne me trouvai point à l'assemblée du *prima mensis* de janvier 1700. Le vendredi 15, il y eut une assemblée extraordinaire pour congédier les bacheliers de la dernière Licence.

Oh supplia l'abbé de Soubise pour président d'une tentative, et personne ne s'y opposa.

Le syndic fit une harangue dévote : elle consistait dans une application de la parabole des Ouvriers, et une autre explication de l'abatis des murs de Jéricho par le son des trompettes des prêtres. L'application est facile. Il dit qu'il fallait tout détruire le monde criminel comme on avait détruit Jéricho hormis Raab la putain, *præter Raab meretricem*. Plusieurs dirent qu'il se serait bien passé de cet hormis là, et que quand il n'aurait fait aucune mention de Raab ni de *mérétricisme*, il n'aurait pas plus mal fait. Il rhabilla néanmoins cette exception le mieux qu'il put, en disant qu'il fallait entendre par Raab les pécheurs vraiment convertis.

Son latin est sans faute, mais il n'y a rien d'élevé et de cicéronien : ce sont des phrases écolières, et pour les pensées et le tour, tout y est plat.

Le mois de février 1700, je n'ai rien.

Au *prima mensis* de mars 1700, le syndic ne se trouva point à l'assemblée ; il était malade, et on dit qu'il ne pouvait se soutenir sur ses jambes.

M. Jollain tint sa place comme l'ex-syndic.

Des candidats se présentèrent pour avoir jour en carême, et elle (*sic*) fut accordée *via scrutini*.

On accorda aussi à un hibernois de prendre le bonnet *extra ordinem*, après pourtant que le premier de la Licence aura pris le bonnet.

Dans les opinions, M. Boileau de la Sainte-Chapelle dit qu'il ne pouvait pas s'empêcher de faire une remontrance à la Faculté qui lui semblait importante ; que ce n'était point une proposition, qu'il savait bien que cela appartenait au syndic. Il voulait parler des approbations qui paraissent à la tête du livre de M. Humbelot [1], et il commençait lorsqu'il fut interrompu par M. Jollain, qui voulait faire comprendre que M. Boileau avait tort de parler, le syndic n'étant point averti. Mais celui-ci, se trouvant choqué de cela, s'échauffa et parla en colère, dit qu'il savait les arrêts du Parlement sur le sujet du syndic : qu'anciennement tous les docteurs pouvaient proposer ce qu'ils croyaient devoir proposer, et aucun syndic n'y trouvait à redire ; que la vérité est que depuis ces temps-là les choses

[1] Humbelot, docteur en 1665 ; voir son article dans Moréri (éd. de 1759).

ont changé; qu'en 16..., le syndic qui était Mons..... [1], présenta lui seul une requête au Parlement; que sur cette requête, sans que la Faculté en sût rien, sous (?) les conclusions du premier Président d'aujourd'hui, pour lors Procureur général, il était intervenu arrêt qui ordonnait que le seul syndic proposerait; qu'il sait cet arrêt, qu'aussi il ne prétend rien proposer ni faire mettre en délibération ; qu'il veut seulement *monere Facultatem* que Mons. Humbelot a fait imprimer un livre, qu'à la tête de ce livre il a fait imprimer des approbations comme si c'était la Faculté en corps qui eût approuvé son livre; que chacun sait que ce livre a été proscrit et défendu par la Cour et par le Parlement, et qu'il croit qu'il est indigne et infamant que l'on voie à la tête d'un livre proscrit et défendu une attestation de la Faculté, qui d'ailleurs n'est point véritable ; que la Faculté là-dessus fera ce qu'elle jugera à propos.

Mons. Jollain voulut encore parler, et Mons. Marion [2], mais cela ne [servit] qu'à faire une scène qui fit beaucoup rire; il s'y dit des choses plaisantes et à brûle-pourpoint.

Ce qui est véritable est que ce livre de M. Humbelot contient beaucoup de choses fausses et contraires à nos droits et coutumes.

2° Qu'il n'a été supplié en Faculté par aucun docteur pour être approuvé. 3° Que suivant les nouveaux règlements, il n'y a aucun des docteurs députés par la Faculté pour l'approbation des livres qui l'ait approuvé. 4° Que les approbations qui y sont contiennent les éloges et du livre et de la personne, ce qui est contre la discipline présente de la Faculté. Mais qui plus est il a été assuré qu'aucun des docteurs, dont les noms sont au bas des approbations, n'ont (*sic*) point approuvé le livre ; l'approbation est entièrement fausse et supposée. 5° Il semble que ce soit la Faculté qui ait fait approuver ce livre, ce qui est néanmoins très faux.

6° Un des docteurs qui approuve (*sic*) fait l'éloge de l'exil de Monsieur Humbelot, exil pourtant qui lui doit être honteux, comme ayant été ordonné pour s'être opposé aux délibérations de la Faculté et avoir soutenu une doctrine opposée à celle de France sur l'infaillibilité du pape en 1682.

Le prosyndic, qui ne savait où il en était, car il ne s'attendait pas à cet orage, répondait tantôt une chose, tantôt une autre, toujours très mal. Entre autres, il dit que il rapporterait de cela au syndic, et que, s'il le jugeait à propos, *res proponeretur prima die aprilis.* On le hua un peu à cette parole: S'il plaisait au syndic, car il est bien vrai que c'est au syndic à parler, mais quand il a été averti et qu'il ne veut pas parler, un autre peut parler.

[1] En note, pour justifier les blancs : «J'ai oublié ce fait».
[2] Briand Marion, docteur en 1676.

Après cela il n'y eut plus rien jusqu'à M. Tournely, qui voulut un peu se faire écouter [et] s'avisa de dire que son sentiment était que l'on parlât auparavant toutes choses, de ce livre à Mons. l'archevêque; qu'il fallait députer pour savoir son sentiment. On se moqua un peu de lui et il fut sifflé, mais il persévéra et dit que c'était son sentiment.

Le reste se passa en cohue à l'ordinaire, ce qui me fit retirer.

Le jeudi 1er avril 1699 (*sic*), je ne pus aller au *prima mensis*. J'ai su seulement de M. Do [1] que toute l'assemblée s'était passée à accorder des dispenses pour le bonnet, et à des disputes d'injures et des crieries entre Mons. Boileau de la Sainte-Chapelle et M. Jollain.

Ce dernier, comme faisant la fonction de syndic, avait fait coucher la conclusion *maligne et inofficiose*, comme si M. Boileau avait voulu proposer le livre de M. Humbelot contre les arrêts du Parlement, et que lui, M. Jollain, lui avait résisté, s'y était opposé, et avait voulu maintenir la discipline ordonnée par les arrêts.

Mons. Do dit qu'on ne peut pas voir un homme plus emporté et plus en colère que le fut Mons. Boileau à cette lecture; il dit mille duretés à M. Jollain, et interpella *omnes cordatos doctores* de se joindre à lui contre un (*sic*) insulte pareil. Il répéta cent fois qu'il n'avait jamais proposé; qu'il est vrai qu'il avait parlé du livre de M. Humbelot, mais qu'il avait toujours dit qu'il ne le proposait point; qu'il savait les arrêts, que c'était au syndic à proposer, etc.

M. Jollain voulut répliquer, c'est ce qui fit que cette altercation dura jusques à onze heures, et occupa toute l'assemblée. M. Do me dit que voyant cela il était sorti et ne savait pas comment l'affaire était finie.

Quelqu'un m'a assuré que Mons. l'archevêque avait envoyé quérir M. Humbelot, et lui avait dit qu'il fallait qu'il satisfît la Faculté. 1° Qu'il désavouât son livre, la doctrine qui y est contenue; 2° qu'il fît des excuses à la Faculté au sujet de ses approbations, et cela par écrit.

La suppression de son livre est arrivée, à ce qu'on m'a dit, par M. l'évêque de Metz; on persuade partout aux nouveaux catholiques qu'il est faux qu'on défende de lire l'Écriture sainte, que c'est une calomnie des ministres protestants. Des nouveaux catholiques de Metz, pour montrer que leurs ministres ont raison, ont présenté aux grands-vicaires de Metz le livre de M. Humbelot, qui dit que ceux qui font des traductions de la Bible en langue vulgaire *sont inspirés du diable*, et non pas du Saint Esprit. Ces grands-vicaires en ont écrit à M. l'évêque de Metz, qui est en cour, et cet évêque en a parlé au roi, qui a été fâché de cela, et a ordonné que le livre fût supprimé, et il y a eu un arrêt, à ce qu'on m'a assuré, mais je ne sais s'il est du Conseil ou du Parlement.

Pour la première fois, le syndic de la Faculté, M. Le Bas, le chancelier,

[1] Docteur antérieurement à 1664 (?).

c'est M. Pirot[1], et les chanoines de Notre-Dame ont pris en argent la distribution qui se faisait autrefois en vin et en dragées quand les Licenciés étaient présentés au chancelier.

Le vin a été estimé à 15 s. la pinte, et la bouteille à trois sous. Ceci est pour mémoire.

Le lundi 3e mai 1700, il y eut assemblée en Sorbonne, où il y eut beaucoup de bruit et de contestation.

Un nommé Philippus Toupet, qui a pris le bonnet depuis peu, est accusé d'avoir fait imprimer des thè-es de vespérie autrement que comme le syndic les avait signées. M. Le Bas en fit ses plaintes, demanda que ces propositions fussent censurées, et comme c'était (*sic*) des propositions qui ne devaient point être effacées, qui ont toujours été soutenues jusques à présent, et qui déplaisent seulement aux Molinistes, tous les jeunes docteurs s'opposèrent à la plainte du syndic, et particulièrement à la censure qu'il voulait faire de ces propositions. On prétend que lui, M. Joisel, M. Marion, M....., avaient fait un complot de demander que ces propositions fussent examinées par des députés, et qu'ils demandèrent des députés, du nombre desquels ils se feraient mettre; mais cela ayant été découvert, toute la jeunesse consentit à la députation, mais ils nommèrent : de Sorbonne M.....; de Navarre M. Lefeuvre, des ubiquistes M. Du Pin, et des réguliers le Père Rozeblanche.

Mons. Tournely, qui croit qu'il est dans la Faculté pour troubler, se mit à crier comme un perdu, et dit qu'il s'opposait, qu'étant une matière de doctrine, il fallait au moins douze députés; mais il eut beau crier, les quatre députés passèrent à la pluralité des voix.

On m'a dit que ces propositions, que le syndic trouve épouvantables, sont : l'intention extérieure, la présidence d'Hosius sans nommer le pape, et autres semblables.

Il ne peut y avoir que l'archevêque de Paris qui, en vue de son chapeau de cardinal, qui (*sic*) autorise le syndic à faire de semblables levées de bouclier et à être aussi ridicule qu'il est, etc.

Le vendredi 21 mai, M. l'abbé Bossuet[2] fit sa vespérie à Navarre, et les disputants furent M. Lefeuvre et Mons. Favart[3]. C'est le premier qui avait choisi ce dernier comme le regardant comme son *succenturiatus*. On m'assura que cela se ménageait. Je n'entendis pas disputer Lefeuvre, mais pour ce qui est de Favart, il le prit d'un ton comme s'il avait voulu prêcher, et il étonna tout le monde; ceux qui étaient proches disent qu'il ne savait pas trop ce qu'il voulait dire. C'était une déclamation et non pas une dispute.

---

[1] Edme Pirot, né en 1631, docteur en 1664, mort en 1713.

[2] Neveu de Bossuet, né en 1661, docteur en 1700, mort en 1743.

[3] Docteur antérieurement à 1664 (?).

Tourneli me dit que ce matin ils s'étaient assemblés pour élire un bibliotéquaire (*sic*) à la place de M. Chevilier. Le jeune Petitpied[1] sollicitait fort d'un côté, et Poquelin le cadet[2]. Mais ils n'ont pu réussir. On dit du premier qu'il est trop fier et fait trop l'entendu; à la vérité il en a tout à fait la mine et la conduite; il se fait haïr on ne peut plus. Parce que par ses airs un peu cagots, il est de la clique de l'archevêque, il croit que tout lui est dû.

Poquelin n'est pas estimé et ne mérite pas de l'être; ce sont des gens qui ne cherchent les places que par des vues de fortune la plus basse, et qui s'élèvent comme des aigles; *qui se exaltat humiliabitur*.

Des sottises de ces deux personnages Berthe en a profité, il a été élu bibliotéquaire (*sic*). C'est un pauvre saint (?) qui a fait plusieurs sottises éclatantes, mais qui a été humilié. Peut-être fera [-t-] il bien.

Le mardi 22 juin, à la procession du recteur, M. Fleury, de la Trinité, me dit qu'il n'y avait rien eu au *prima mensis*, que les députés seulement dirent qu'ils avaient examiné les propositions des thèses, mais qu'ils n'y avaient trouvé quoi que ce soit à redire, et il n'en fut pas davantage.

Il me conta aussi la descente qui a été faite dans le collège du Plessis par les commissaires du Parlement pour examiner le *commodum* ou *incommodum* d'un bâtiment que les Jésuites prétendent élever, et qui dit-on bouchera la vue de la chapelle de ce collège.

Jollain s'y trouva, on fit tendre une toile aussi élevée que doit être le bâtiment, et on vit que l'on voyait suffisamment clair.

M. Jollain eut quelque dispute avec un jésuite présent sur le culte des Chinois : on croit que les Jésuites gagneront.

Il me conta encore une autre histoire d'une demande faite au syndic touchant *Confucius*. Pour entendre cette histoire, il faut savoir que l'abbé Du Pin s'est joint avec le Père Alexandre[3] pour tourmenter les Jésuites. Le dernier a écrit deux lettres contre les Jésuites, et le premier s'est avisé de dresser une consultation au sujet du culte que les Jésuites permettent que les Chinois chrétiens rendent aux morts, etc., et de la faire signer par plusieurs docteurs particuliers *per domos*; on me la voulut faire signer, mais j'ai refusé pour plus d'une raison.

Mons. Fleury me conta donc qu'un nommé Havart de Saint Louis était venu la semaine passée avec deux notaires chez le bedeau de la Faculté, et ensuite chez M. Le Bas, syndic, mais qui étant malade les avait renvoyés à M. Jollain, ancien syndic. Que cet Havart avait demandé à Chanuel[4] et

---

[1] Le jeune, pour le distinguer d'un autre plus ancien. Nicolas Petitpied, né en 1664, docteur en 1692, mourut en 1747.

[2] Robert Poquelin, docteur en 1677.

[3] Noel Alexandre, dominicain, né en 1639, docteur en 1674, mort en 1724.

[4] C'est sans doute le nom du bedeau.

au syndic si la Faculté de théologie avait fait une censure, comme avait dit le Père Alexandre dans une lettre qu'il a écrite contre le Père Le Compte[1] ; que les deux notaires avaient reçu par écrit la réponse, qui portait que non, et s'étaient retirés. Que Jollain, qui est chicaneur, avait été en même temps chez un notaire faire une protestation sur tout cela.

Le 1er juillet 1700, au *prima mensis*, je suppliai pour approuver le troisième volume des *Égarements des hommes*, etc., par l'abbé de Villiers[2].

On lut les délibérations de l'assemblée dernière; elle[s] porte[nt que] les députés avaient trouvé que le sieur Coplat, qui avait dit quelque chose dans sa harangue de prise de bonnet, leur avait témoigné qu'il en était très fâché, et qu'il n'avait point prétendu ni avait eu en vue d'offenser personne; que pour ce qui est des propositions qui avaient été effacées par le syndic et qui cependant s'étaient trouvées dans l'imprimé des thèses, il l'avait fait parce que la thèse signée s'était trouvée perdue, et qu'on avait pris une ancienne copie où elles étaient; qu'aussitôt qu'il s'était aperçu de cela il les avait effacées dans les thèses qu'il avait distribuées; que d'ailleurs ils avaient examiné très exactement ces propositions, et qu'ils avaient remarqué qu'il n'y avait rien contre la saine doctrine. Que la Faculté avait été contente de cela, et que tout avait été assoupi.

Seulement il fut fait une défense très expresse, et sous des peines, à aucun bachelier de changer quoi que ce soit aux thèses dans les corrections faites par le syndic.

Après cela M. Le Bas, syndic, parla et dit que chacun savait la joie publique sur la promotion de Mons. l'archevêque au cardinalat, que la Faculté ne devait pas être des dernières à lui en témoigner sa joie; qu'il fallait député; mais qu'il fallait délibérer en quelle langue on lui parlerait et en quel habit on serait.

Comme on allait délibérer, on fut étonné de voir Mons. Priou[3], homme qui demeure aux Missions Étrangères, et qui est un diminutif des abbés Tiberge[4] et Brisacier[5], qui s'avança et se mit à parler.

Il dit donc qu'il lui était tombé entre les mains quelques livres, où il y avait des propositions qui détruisaient la religion, qui introduisaient le pélagianisme, et qui méritaient la censure; et il en lut une. Après quoi il dit qu'il avait communiqué sa remarque au syndic; qu'il ne s'était point opposé à ce qu'il en parlât à la Faculté. C'est pourquoi il suppliait la

[1] Louis Le Comte, jésuite, auteur de Mémoires sur la Chine.

[2] Pierre de Villiers, né en 1648, longtemps jésuite, mort en 1728. Le livre dont il est question : *Pensées et réflexions sur les égarements des hommes dans la voie du salut* avait commencé à paraître en 1693.

[3] Docteur antérieurement à 1664 (?).

[4] Louis Tiberge, directeur du séminaire des Missions Étrangères, mort en 1730.

[5] Brisacier, supérieur du séminaire des Missions Étrangères.

Faculté de vouloir nommer des députés qui examinent ces propositions; et en même temps il mit 3 ou 4 livres in-12 sur le bureau.

Le syndic parla et dit qu'il n'empêchait point que la proposition de Mons. Priou ne fût mise en délibération; ce qui fut fait et on opina.

Pour le premier chef, il fut dit qu'on irait à M. l'archevêque *cum infulis*, et qu'on le haranguerait en latin. M. de Lestocq (*sic*) fut choisi pour porter la parole.

Pour ce qui est de la proposition de M. Priou, elle souffrit bien des difficultés. Les uns dirent qu'ils ne savaient rien de cela, les autres que l'affaire était devant le pape.

Néanmoins à la pluralité il fut nommé des députés qui furent.....

On peut remarquer ici ce que peut la cabale. Il y a six ans que si quelqu'un avait voulu proposer quelque chose de semblable. il aurait eu une lettre de cachet.

Les temps sont changés, il faut que la foi change. Ce n'est plus la foi des Jésuites qui règne, c'est la foi des Missions Étrangères.

Il en est de même de toute chose et en tout temps; car il ne faut pas s'imaginer que c'est l'amour de la vérité qui fait agir, c'est la passion dominante de ceux qui sont en faveur.

Quand un prince est de la religion de son pays. ce sont toujours les articles qui plaisent au prince qui sont les meilleurs et les plus saints. Cela n'empêche pas que parmi ces articles il n'y en ait véritablement de saints, mais ce n'est pas cela qui les fait recevoir, c'est l'agrément du prince. Si le roi n'avait pas été choqué contre Mons. de Fénelon. jamais sa mystiquerie n'aurait été mauvaise.

Les députés qui furent nommés par la Faculté pour l'examen des propositions furent M. Boileau de la Sainte Chapelle. et M. Vitasse [1] pour Sorbonne:

Mons. Lefeuvre et M. Le Breton pour Navarre;

Mons. Roulland et M. Du Pin pour les ubiquistes:

Le père Roseblanche pour les moines, et le Père Mallet [2], carme.

Ces députés ne promettent pas poires molles aux Jésuites, et on s'y attend bien. Il n'y a que Lefeuvre, que bien des gens disent être un espion des Jésuites.

Le mardi 6 juillet, je me trouvai chez M. Chanueil, il y avait deux assemblées, la première pour faire des tables et mettre par ordre *antiqua monumenta Facultatis*.

La deuxième était des députés pour l'affaire des Chinois, et ils s'assemblaient pour la première fois.

Mons. Le Caron, que je trouvai, et qui est de l'assemblée des registres

---

[1] Charles Witasse, né en 1660, docteur en 1690, mort en 1716.
[2] Docteur antérieurement à 1664 (?).

me dit que l'on trouve dans l'examen qu'ils font les choses les plus inouïes. Pour me prouver que la Faculté dans ses décisions n'est que le *jouet de la Cour* et qu'elle n'agit que suivant le mouvement que lui fait donner par le Prince celui qui dans le temps en gouverne l'esprit, de sorte que ce qui se fait n'est pas tant l'ouvrage de la Faculté que du ministre ou du favori; c'est la foi de ce dernier qui parle et non pas la volonté de la Faculté. Il m'en apporta un exemple pris de la censure de Santa-relle[1]; il me dit que quand cette censure fut faite, il y eut une lettre de cachet, qui est dans les registres, portant défense de publier cette censure; et en effet elle ne fut pas publiée. Apparemment des intérêts de cour à Rome obligèrent à cette suspension.

M. Petitpied nous dit qu'il en était arrivé autant à la censure contre Érasme, et c'est ce qui fait qu'elle ne se trouve pas même dans les Mémoires de la Faculté. Elle fut faite à la vérité, mais François Ier défendit de la faire valoir, et on n'eut pas soin de la continuer.

Le mercredi 21, on me dit à une doctorerie qu'un bachelier de Sorbonne, appelé Du Vaux, avait soutenu cette proposition : *Licet non sit evidens religionem christianam esse certam evidentia vel morali vel physica*, dans une majeure ordinaire, que M. Le Bas avait signé la thèse et qu'elle était imprimée en *caractères italiques*. Aussi que le même avait combattu les 5 propositions sous le nom de Jansénius, et qu'elles étaient aussi imprimées en *caractères italiques*. Cela marque une affectation très grande. Mons. de Lestocq est grand maître de M. De Vaux (*sic*).

Le vendredi 23, les Maisons de Sorbonne et de Navarre allèrent complimenter M. l'archevêque sur son chapeau de cardinal. M. de Lestocq porta la parole pour Sorbonne, et M. Guischard, grand maître, pour Navarre, qui, à l'exception de sa voix, qui est fort désagréable, fit très bien, et en bon latin. L'archevêque les reçut dans la chambre où est sa croix, et les reconduisit jusques dans la salle. Il ne fit aucune amitié aux docteurs en particulier, comme avait fait le défunt quand on lui fit les mêmes compliments. Bien plus, il reconduisit jusques au bas de l'escalier et embrassa tous les docteurs. Il est vrai qu'il n'était que nommé, et que celui-ci est cardinal.

Le 2 du même mois d'août 1700, à l'assemblée ordinaire, après les suppliques et les rapports ordinaires, Mons. le syndic dit que conformément à la délibération de la dernière assemblée les députés pour l'examen des propositions présentées par M. Priou s'étaient assemblés plusieurs fois et avaient porté leur jugement sur cette affaire; qu'il demandait que le plus ancien parlât.

Mons. Dumas[2], tout dévoué aux Jésuites, jusques à mettre leurs livres

---

[1] Antoine Santarel, jésuite, auteur d'un *Traité de l'hérésie et du schisme*, condamné en 1626.

[2] Hilaire Du Mas, docteur en 1668, mort en 1742.

sous son nom, dit qu'il s'opposait à ce que la Faculté jugeât de ces propositions; qu'elles avaient été déférées au pape; qu'il fallait attendre son jugement; et que *intercedebat quominus ultra procederetur Facultate.*

Cela causa un grand bruit, et puis c'est tout; car M. Boileau ne laissa pas que de parler et faire son rapport. Il dit donc que les députés et lui s'étaient assemblés plusieurs fois; qu'ils avaient lu, examiné avec une très grande application les propositions et les livres; qu'ils avaient eu de l'horreur de voir jusques où l'esprit de l'homme pouvait porter l'irréligion. Il dit tout cela avec des termes de poète, c'est-à-dire très emportés, et faisant de temps en temps des goguenarderies indignes de la Faculté; on pourrait dire des *turlupinades* et *bouffonneries.* Il lut les propositions des Jésuites, et faisait en les lisant des contorsions qui marquaient trop bouffonnement et d'une manière intéressée l'indignation où il était. Il dit aussi les qualifications dont ils avaient jugé, et proposa de les marquer; que ces qualifications avaient été faites par tous les députés *unanimi consensu.*

Après qu'il eut parlé, Mons. le Syndic, suivant la coutume, dit : *Audistis relationem S. M. D. Boileau ; pro meo munere postulo ut res in deliberationem mutetur;* M. Dumas ne dit mot; mais le doyen ayant dit : *Habetis deliberandum,* comme on allait délibérer, Mons. Bigres (?), jeune docteur, et qui est de mois pour la censorie des mœurs, demanda à parler. Ce qui lui ayant été accordé, il montra une thèse qu'il tenait en ses mains, et il dit qu'il avait été scandalisé de lire dans cette thèse une proposition en caractères italiens, qui contenait *qu'il n'était point évident que la religion chrétienne fût la véritable religion,* etc. Qu'il demandait que cette thèse fut examinée et condamnée. Il parla fort bien et fort pathétiquement; néanmoins, comme il parla longtemps, il dégoûta jusqu'à ses amis. A la fin le syndic lui dit que cette affaire était vidée par la conclusion du 1ᵉʳ du mois de mai ou juin, par laquelle il est dit qu'une thèse qui aura été effacée même dans l'impression sera censée nulle et comme si elle n'était point imprimée; que le s. De Vaux avait effacé la thèse dont il s'agissait, etc. M. Bigres n'était point préparé à la réplique, et ainsi il demeura court.

Mons. de Lestocq commença aussitôt à parler, et dit que son sentiment était qu'on ne pouvait délibérer sur la matière proposée qu'auparavant on n'eût délibéré sur l'opposition faite par M. Dumas.

Le curé de Saint-Laurent fut de l'avis proposé, que l'on ferait imprimer l'*Indiculus,* et qu'il y aurait assemblée le 17ᵉ.

M. Destouilly barbouilla je ne sais quoi pour dire qu'il était du sentiment de M. Lestocq. Mons. Blanger [1] dit que l'opposition par M. Dumas n'ayant point été proposée par le syndic, il n'en parlait point; que s'il en eût parlé, il aurait été d'avis de l'admettre.

[1] Docteur antérieurement à 1664 (?).

M. Le Caron fut de l'avis de M. de Lestocq. Cet homme, avec un bon sens et un bon esprit, n'est jamais de l'avis de ce qui est proposé.

Toutes choses s'étaient passées jusques alors assez tranquillement, mais quand ce vint à M. Boileau, qui voulut fortifier son avis par la lecture d'arrêts du Parlement, il poussa la chose si loin qu'il souleva un grand bruit, et qu'il n'y eut plus moyen de parler, mais seulement de rire et de clabauder. Il maltraita tout à fait Mons. Dumas et le turlupina sur son opposition. Il est vrai qu'elle est ridicule et impertinente, comme si un particulier dans une compagnie était partie suffisante pour empêcher une compagnie de dire son sentiment. Il peut à la vérité faire des remontrances et demander acte de sa remontrance, afin qu'il ne soit point dit qu'il a été d'un tel sentiment; mais de prétendre empêcher que deux cents personnes ne disent leur avis doctrinal sur une chose, et cela par voie d'opposition, c'est ce qui est souverainement impertinent, et digne d'un homme *qui a voulu être Lazarien*. On aurait pu de part et d'autre s'épargner tout ce qui se dit de pauvreté. Ce qui est de vrai est qu'on ne peut jamais mieux voir au naïf la faiblesse de l'esprit humain que dans les assemblées *des plus sages;* il n'y a ni charité, ni patience, ni modestie, ni douceur, ni paix; tout y est tumulte, emportement, vivacité, paroles désobligeantes et menaces de la part de ceux qui sentent avoir les puissances pour eux. Après ce tintamarre et ce chamaillis entre M. Boileau et M. Dumas, on fut assez tranquille.

M. Boucher [1], curé de Saint-Nicolas du Chardonnet, opina immédiatement après; il fut du sentiment qu'il fallait délibérer sur l'opposition de M. Dumas; qu'autrement il y aurait défaut dans le jugement qui pourra intervenir.

Mons. Roulland opina ensuite et plusieurs autres, qui continuèrent les avis, en disant toujours néanmoins quelques mots contre M. Dumas et ses adhérents.

Mais celui qui releva le plus cette opposition fut Mons. Lefeuvre, un des députés; il dit qu'il prenait sur lui que M. Dumas et ses adhérents n'oseraient poursuivre au Parlement la dite opposition; qu'ils pourraient bien être punis de leur témérité. Je remarquai une chose ici, c'est que Berlise, qui devait opiner après, prit ses jambes à son cou et sortit. Il eut peur du bâton sur ce que dit M. Lefeuvre. Il se souvient encore de l'exil; il se souvient qu'il a eu ordre de revenir de Rome, et que s'il parlait il pourrait bien avoir ordre de voyager à Quimper.

Bien des gens trouvèrent très mauvaise la menace de Mons. Lefeuvre; ce n'est point ainsi qu'il faut agir dans des compagnies de savants, mais la peur de M. Berlise n'est pas moins risible.

Il se trouva encore d'autres docteurs qui opinèrent pour l'opposition, et qui par malice prolongèrent l'assemblée, en sorte qu'on ne put finir.

[1] Docteur antérieurement à 1664 (?).

Il y eut un bruit très grand à onze heures et demie, les uns voulant que l'assemblée fût remise au lendemain, les autres qu'elle fût remise au *prima mensis* de septembre. Le premier parti l'emporta.

Le mardi, 3 août 1700, il y eut assemblée; il y avait moins de monde qu'hier. Il est remarquable que Monsieur Joisel ne s'est trouvé ni à l'une ni à l'autre. Apparemment il a un peu peur. J'en suis fâché, car assurément il nous aurait réjouis; il a infiniment de l'esprit, et aurait beaucoup goguenardé.

On opinait assez tranquillement, pourtant en se disant de temps en temps quelque chose de désobligeant, à l'ordinaire, *prout unusquisque affectus erat.*

Trutet, qui est un homme plus de moitié fou à force de sagesse, c'est-à-dire un esprit extraordinaire, opina conformément à son génie. C'est un homme qui parle bien, mais qui ne peut se faire entendre; on ne sait ce qu'il veut dire. Il fut de l'avis de l'opposition, pour laquelle prouver il nous dit que *inciderat in quemdam locum S. Augustini,* qu'il dit par cœur, mais toujours inintelligiblement, et ainsi c'est comme s'il ne l'avait point dit.

Mons. de Précelles, M. Marion furent de même avis, et voulaient haranguer, ce qui excita beaucoup de troubles.

Je dis mon avis après M. Marion pour la continuation des assemblées, et comme je finissais, M. Dumas entra tout échauffé, et dit qu'il venait avec deux officiers du roi, c'est-à-dire deux notaires, pour signifier son opposition. Aussitôt, comme si la Discorde fût tombée tout d'un coup dans la salle de Sorbonne, tout le monde se leva de sa place, et les plus fous, comme d'Arnaudin, Lemoine, le curé de Saint-Merri [1], coururent à la porte pour se battre contre les notaires. Le curé de Saint-Merri donna, dit-on, un bon coup de poing à un des notaires, et Lemoine pensa en faire autant à l'autre. Ce fut une confusion la plus grande du monde; vous auriez dit qu'on allait assiéger la Faculté. La vérité est que personne de cette qualité ne doit entrer dans la Faculté, et qu'il ne fallait pas souffrir qu'ils entrassent: mais il fallait délibérer sur la signification que M. Dumas voulait faire et délibérer en gens sages.

Ce bruit peut-être ne serait point arrivé si la Faculté avait la même conduite qu'ont toutes les compagnies; c'est que la porte du lieu est toujours fermée, et un bedeau qui est à la porte, et qui vient dire au-dedans quand il y a quelque chose d'extraordinaire, et ouvre la porte ou la refuse selon la réponse de la compagnie.

Les notaires, voyant cette confusion, ne forcèrent point pour entrer, en quoi ils firent bien, car ils auraient pu avoir quelque gourmade; mais ils se contentèrent de verbaliser à la porte, ce qui leur fut permis. Peu à peu,

---

[1] Blampignon.

après cela, chacun se remit à sa place: M. Dumas s'en alla avec les notaires,
et on continua d'opiner.

Mons. Mortier étonna tout le monde; il dit qu'il ne pouvait souffrir l'opinion de Mons. Dumas; que les propositions présentées étaient si horribles
qu'il y avait lieu de croire que la Faculté ne penserait point là-dessus
autrement que le pape.

Mons. Vivant[1] voulut montrer qu'il est en dignité; il est vice-gérant;
il parla assez longtemps; il dit qu'il ne fallait point avoir égard aux opposants; que le jugement de la Faculté ne peut entrer en comparaison avec
l'autorité du pape pour qu'il en tire de l'ombrage; que d'ailleurs à Rome
ils ont beaucoup d'égards pour les jugements de la Faculté de Paris; qu'il
était d'avis qu'il fallait poursuivre les assemblées, comme avaient dit les
députés.

A Mons. Vivant succéda Mons. Tournelly (*sic*), qui parla avec tout le
feu possible; il fut à feu et à sang pour l'opposition, et soutint opiniâtré-
ment que tout ce qui s'était fait sans avoir égard à l'opposition serait nul;
il parla très fort contre M. Priou, disant qu'il avait exposé faux à la Faculté
quand il avait présenté les propositions, et releva toutes les raisons qu'il
y a pour prouver qu'il avait parlé faux : 1° qu'il avait dit que les propositions n'étaient point déférées à Rome, ce qui est faux, puisqu'elles sont
dans la lettre des missionnaires; 2° que cette lettre est plaisante; que les
missionnaires demandent au pape la permission de rendre publique leur
dénonciation; et elle était imprimée et distribuée avant même que le pape
en pût avoir connaissance.

Il remarqua encore d'autres choses qui ne sont pas si mal, et qui faisaient rire Mons. Priou du bout des dents, qui faisait semblant de vouloir
répliquer de temps en temps, mais qui en fut empêché.

Ceux qui opinèrent depuis ne dirent rien de considérable.

Mons. Garson[2] avait opiné auparavant, et avait été d'un avis très sin-
gulier; il était entré dans le fond, et sans parler de l'opposition, ni en bien
ni en mal, il avait dit qu'il croyait qu'il n'était pas à propos d'examiner
ces propositions; que cet examen dépendait d'une parfaite connaissance des
mœurs, des coutumes, des histoires des Chinois, et qu'outre cela il y
avait un grand nombre de Pères qui parlaient des Chinois et des autres
païens encore plus favorablement que ne font les propositions; que son
sentiment était qu'il fallait renvoyer cet examen au pape. On dit de lui que
egregie dixerat, et egregia, sed non ad rem.

En effet, cela regarde le fond, et non pas la proposition qui est aujour-

[1] Il y avait deux docteurs de ce nom, Jean Vivant, docteur en 1686, grand-
vicaire, et François Vivant, docteur en 1688, grand-vicaire et curé de Saint-
Leu.

[2] Charles-Nicolas Garson, curé de Saint-Landry, docteur en 1681.

d'hui sur le tapis, si on fera imprimer l'indicule et si on s'assemblera le 17ᵉ de ce mois.

Enfin presque tous les jeunes ayant été de cet avis, on finit l'assemblée devant onze heures, et adieu jusques au 17ᵉ.

Le mardi 17 on ne manqua pas de se trouver en Faculté en très grand nombre; il y avait des docteurs de toutes les parties du monde. Après que le syndic eut requis que selon la coutume les députés parlassent, Mons. Boileau prit la parole.

Il préfaça en peu de mots sur la peine que les députés s'étaient donnée, et sur une protestation (que les Jésuites prendront comme ils le voudront) de ne vouloir faire de chagrin à personne, mais d'estimer en général tous ceux que le zèle conduit aux Indes pour y prêcher l'Évangile. Il dit que c'était la coutume de la Faculté que les députés rendaient raison des qualifications qu'ils pouvaient avoir données aux propositions qui leur étaient données à examiner par la Faculté; que c'est ce qu'il allait exécuter présentement en peu de mots, et apporter les raisons théologiques qu'ils avaient eues pour censurer les propositions.

Il fit ici une espèce d'exhortation : *Rogo*, dit-il, *quemcumque ex hoc ordine ut audiat accurate quod sum dicturus, nihil addendo, nihil detrahendo. Agitur de summa rerum, agitur de sustentando totius nostræ religionis fundamento. Sic autem judicamus.* Après cela il lut la première proposition, ou pour mieux dire le premier article : *Le peuple de la Chine a conservé près [de] deux mille ans la connaissance du vrai Dieu, etc.* Voy. dans l'indicule.

Nous l'avons qualifiée ainsi : *Hæc propositio falsa est, temeraria, scandalosa et sanctæ religioni christianæ injuriosa.*

Il s'agit de justifier ces qualifications; et premièrement :

Elle est fausse; il nous a semblé que personne n'en pouvait douter, et il n'est point nécessaire de dire que pour le savoir il faut entendre la langue chinoise. Il ne s'agit que d'une proposition qui est dans un auteur français, et qui écrit très poliment.

Je dis que cela n'est point nécessaire, car il suffit qu'il soit certain que parmi les Chinois Dieu n'est pas même connu. Ces peuples ne savent et n'ont jamais su ce que c'était que Dieu. Il est défendu d'en parler et de s'en entretenir. Ils connaissent bien un premier être, un premier principe, à peu près comme les philosophes; mais pour une connaissance pratique, ils n'en ont nulle de Dieu et n'en ont jamais eu. C'est ce qui est indubitable parmi tous les docteurs qui ont écrit de ces peuples.

Martinius[1], dans un livre qui a pour titre : *Atlantici Sinici*, en 1615, dit positivement, page...., que les Chinois ne connaissaient point Dieu; qu'il y a trois sectes parmi les Chinois, celle du roi, celle des lettrés, celle

---

[1] Martin Martini, jésuite missionnaire, né en 1614, mort en 1661. Son livre, paru en 1655, est intitulé : *Atlas Sinensis.*

des magiciens, etc., que, *ab antiquis temporibus*, 1500 ans avant J.-C., la secte des lettrés ne connaissait point proprement de Dieu.

Mais, continua M. Boileau, *esto* que ces lettrés aient connu le vrai Dieu, l'ont-ils connu comme le créateur des hommes, comme le Dieu d'Abraham et de Jacob? C'est pourtant en ce sens qu'il faut connaître Dieu pour connaître le vrai Dieu. Le connaître comme auteur de la nature ne suffit pas.

Le Père Riccius [1] dit positivement que les Chinois n'adorent que le ciel matériel, le soleil, etc.; car, dit-il, selon Maldonnat, jésuite, que je ne veux pas nommer, sur le chap. 44 de Jérémie, tous les Orientaux par le ciel entendent le soleil.

. On peut encore savoir cette vérité du Père Rigault, *Rigaltius,* — il a été jésuite et était de Flandres, — qui assure que les Chinois (cap. 10, p. 115) croyaient de toute antiquité que les cieux étaient animés, *esse animatos cœlos.*

Qu'il est vrai que d'abord les Chinois n'ont point eu d'idoles; mais qu'ils n'étaient pas moins idolâtres, en déférant au ciel ce qui ne doit être rapporté qu'à Dieu; que la sculpture n'a été inventée que depuis, etc. Il dit ici des choses peu curieuses sur les Grecs et les Égyptiens. Bien plus, dit-il, le Père de Rhodes [2], dont a imprimé les voyages en 1688, dit expressément et positivement que tout ce que l'on dit de la morale des Chinois et de leur culte du vrai Dieu est absolument faux; que la vérité est qu'ils ont de l'esprit, et plus que lés autres nations, mais que pour Dieu ils sont dans une ignorance profonde.

De tout cela nous avons conclu la fausseté de la proposition extraite.

La 2ᵉ proposition du même 1ᵉʳ article : *Si la Judée,* etc.

Cette proposition, dit Mons. Boileau, consiste proprement dans un fait, savoir s'il y a eu un temple parmi les Chinois avant celui de Jérusalem.

Néanmoins, si l'on en doit croire les mêmes auteurs que nous avons déjà cités, il est certain que ce temple n'a jamais été, que c'est une imagination.

Rigaltius le dit positivement, qui ajoute même que c'est là proprement leur erreur, qu'ils n'ont point de *temple*. Nous avons donc eu raison de dire que cette proposition est fausse.

Il y a deux certitudes, une métaphysique, et l'autre morale; on ne peut pas dire qu'il soit faux, métaphysiquement parlant, que les Chinois aient eu un temple; mais on peut assurer qu'il est absolument faux, moralement parlant.

1° C'est qu'il n'y a nulle part une mention de ce temple; 2° C'est que l'Écriture sainte, en parlant du temple de Salomon, insinue que c'est le

---

[1] Mathieu Ricci, jésuite missionnaire, né en 1552, mort en 1610.

[2] Alexandre de Rhodes, jésuite missionnaire, né en 1591, mort en 1660.

premier qui a été bâti à l'honneur du vrai Dieu. 3 *Reg.*, c. [3], et *Sapientia*, cap. 9.

Donc *hæc propositio est falsa et temeraria.*

Le deuxième chef ou article contient quinze propositions.

Primum monere vos debeo nos nolle condemnare has propositiones absolutè, ut jacent; nam quæ sunt facti absolute possunt esse veræ. Nihilominus dicimus, habita ratione earum quæ referuntur, et posito systemate nostræ religionis, falsas esse saltem falsitate hypothetica.

Car, dit-il, qu'y a-t-il de plus opposé à la religion des chrétiens que de dire que, hors le peuple juif, il y avait une morale très pure, des prêtres, des sacrifices, des ecclésiastiques mandarins, des hommes inspirés de Dieu? En vérité rien ne peut être plus faux, et ne peut être trop sévèrement censuré.

Nous croyons donc avoir raison quand nous avons dit que *falsa est, impia, hæretica.* Et quand il est dit après cela qu'ils ont des prêtres, *falsa est et temeraria, scandalosa, verbo Dei contraria . . .*

Il passa ensuite au troisième chef, qui est que la nation chinoise a eu des privilèges; nous avons dit qu'elle est blasphématoire, *falsa, temeraria, scandalosa, verbo Dei contraria.* Il n'en apporta pas beaucoup de preuves; il se contenta de déclamer en forme de prédication, ce qui n'attira pas beaucoup l'attention des gens; en effet tout ce qu'il disait n'était pas grand'chose.

Le quatrième chef ne le tint pas longtemps non plus : *Qu'au reste il ne fallait pas croire que Sa Majesté chinoise*, etc. Cette proposition, dit-il, n'a pas besoin d'être poussée; la fausseté en paraît partout : *Falsa est, erronea et scandalosa.*

Il finit en répétant que ce qu'il avait dit ne touchait point les personnes; qu'il regardait d'ailleurs *summa cum reverentia* tous ceux qui ont écrit ces choses et qui les pensent; que ce sont des gens dont on ne peut assez admirer le zèle et la ferveur à aller prêcher l'Évangile dans des lieux si éloignés.

Mons. Roulland aussitôt prit la parole, comme le plus ancien des députés.

Il commença par un éloge de M. Priou, qui avait déféré ces propositions à la Faculté, et en mots couverts il dit qu'il n'avait point mérité l'injure qu'on lui avait voulu faire en l'accusant de mauvaise foi et d'agir par surprise, etc.

Après cette façon de préface, il dit que deux raisons l'avaient engagé à entrer dans le sentiment des députés et de (*sic*) censurer les propositions; que si la compagnie voulait bien l'écouter, il allait les exposer.

La première, dit-il, est prise de ce que dit saint Paul à Timothée, de ne point s'amuser à des fables vaines et mensongères, *ad fabulas autem convertentur. Tu vero vigila*, etc. [1].

____

[1] Épitre II à Timothée, iv, 4-5.

Car, dit-il, rien n'est plus fabuleux que tout ce que l'on dit dans les propositions touchant les Chinois. C'est ce qu'a prouvé excellemment M. Boileau. En outre, comment peut-ou dire que les Chinois connaissent Dieu ou l'ont connu, eux qui croient que le monde est l'ouvrage du *fatum*, qu'il n'y a point de providence, que le monde n'est point *factura Dei*, ce qui pourtant, selon nous, est nécessaire pour connaître le vrai Dieu.

La deuxième raison est que si ce que disent les propositions était véritable, il faudrait que les Chinois eussent eu la véritable religion. Or c'est ce qui ne peut être. La raison est que la religion proprement suppose la chute du péché et la réparation ; sans cela il n'y a point de véritable religion. C'est ce que porte le mot même de religion, car ce mot vient de *religare*. Naturellement, étant sortis des mains de Dieu, nous lui étions attachés ; nous nous en sommes séparés par le péché ; nous retournons à lui par la pénitence et la religion.

Cela fait que pour avoir de la religion il ne suffit pas de connaître Dieu comme créateur, il faut le connaître comme auteur de la grâce, *gratiæ benignus largitor*.

C'est ce qui a été accompli dans les Juifs d'une manière imparfaite, et dans les chrétiens parfaitement. C'est pourquoi, hors ces deux peuples, il n'y a point de véritable religion.

Non pas, ajouta-t-il, que je veuille nier qu'il n'ait pu y avoir, par une faveur particulière, quelques personnes étrangères qui aient été amis de Dieu, comme Job, Melchisédec ; mais c'est ce qui ne peut être tiré à conséquence pour un grand peuple comme est la Chine ; c'est se tromper visiblement et raisonner *a disjunctis ad conjuncta* que de conclure : Job et Melchisédec, hors le peuple de Dieu, out été des amis de Dieu, donc tout un peuple entier a pu être ainsi. Il pressa un peu ce raisonnement, à dessein de donner sur les doigts à Mons. Garson, à cause de ce qu'il avait dit à la dernière assemblée.

Après tout, n'en déplaise à M. Roulland, son raisonnement ne vaut rien ; et ce que Dieu a pu à l'égard de Job, il n'est pas impossible qu'il l'ait fait à l'égard d'un grand peuple ; mais il aurait pu ajouter que l'on ne nierait point une conséquence semblable s'il y avait des témoignages aussi forts pour le prouver qu'il y en a pour prouver la vérité de la sainteté de Job.

Après cela Mons. Roulland se jeta dans le Jansénisme, et rappela les trois états de l'homme, dans l'innocence, dans la nature déchue, dans la nature réparée, et crut prouver clair comme le jour par des maximes assez obscures de saint Augustin qu'il est impossible que les Chinois aient eu une morale pure, une connaissance du vrai Dieu, laquelle ne se peut avoir que par J.-C., et rapporta tous les passages qui se rapportent ordinairement, et qui sont farcis partout dans les livres des Jansénistes. Il s'arrêta particulièrement sur le système du chapitre V de l'Épître aux Romains, chapitre favori des Jansénistes, mais qui leur est très peu connu, et auquel ils n'ont jamais rien compris, non plus que leur *saint Augustin.*

Le passage : *Non est aliud nomen in quo oportet nos salvos esse* ne fut pas oublié; non plus que cet autre : *Nemo venit ad me, nisi Pater meus traxerit eum.*

Il finit par une comparaison des Chinois et des Juifs, et dit que si ces derniers n'avaient de véritable religion qu'autant qu'ils connaissaient J.-C., il doit être encore plus vrai des Chinois qu'ils n'ont jamais véritablement connu Dieu, puisqu'il est certain qu'ils n'ont jamais connu J.-C.

Il n'aurait pas beaucoup été nécessaire que M. Du Pin parlât, car enfin les raisons des députés ont été les mêmes, mais il voulut faire claquer son fouet, en quoi il ne réussit pas si bien qu'à Marie d'Agréda; il s'embrouillait de temps en temps; il cherchait ce qu'il voulait dire, et faisait des fautes considérables en parlant, ce qui fit de la peine à bien des gens.

Il n'y avait que M. Priou qui l'écoutait avec une attention riante et qui lui applaudissait par des rires. Je voyais cela; on voyait la joie sur le visage de Priou, et il faut juger par là que les missionnaires sont furieusement animés contre les Jésuites. L'acharnement n'est point naturel, et il faut qu'il y ait quelque anguille sous roche, que nous ne connaissons point.

Revenons à Mons. Du Pin, dont je me contenterai de rapporter la division du suffrage.

Il dit donc que *in se susceperat ostendere tria :* 1° Que tout ce que l'on dit n'est que des faits qui sont tout à fait faux et inouïs dont il n'y a pas le moindre vestige:

2° Je tâcherai d'exposer les projets qui se sont faits ; ceux qui ont fabriqué tous ces faits, et par quelles voies ils en sont venus aux propositions que nous examinons;

3° Que s'il était permis d'établir une opinion comme celle [-là] sur d'aussi faibles fondements, il n'y a rien de si absurde qui ne puisse être proposé.

Ce n'était point là du tout ce dont il s'agissait; mais n'importe; les députés ont toute sorte de liberté, *omnia licent.*

Pour prouver son premier point, il dit qu'il était constant *apud omnes* que de tout temps les Chinois n'ont point de mots pour marquer Dieu, sinon le mot qui signifie le Ciel, ce qui prouve qu'ils n'ont d'autre Dieu que le Ciel matériel, et par ce ciel ils entendent Dieu, auquel ils sacrifient sur des collines, parce que le ciel est rond; et quant à la terre, ils lui sacrifient sur un lieu quarré (*sic*), parce qu'ils la croient plate. M. Du Pin voulut se moquer ici des Chinois comme s'ils avaient été assez sots pour croire que la terre était toute plate. Ils ont peut-être ignoré qu'elle fût ronde et qu'il y eût des antipodes, mais de la croire plate! Ils voyaient des montagnes.

Cela fut un peu sifflé. Il ajouta que les Jésuites apportaient certains livres, classiques parmi les Chinois, écrits devant Confucius, mais dont on n'avait que des fragments, et ce qu'il y a dans ces fragments est *De cultu cœli*, et non pas *Dei;* que tout le reste est [*fal*] *sidicum* (?); il cita la préface du Père Couplet[1].

Sur le deuxième, il dit que dans les commencements les missionnaires trouvaient que les Chinois ne connaissaient nul Dieu; Martinius et de Rhodes le certifient; Riccius lui-même l'a cru ainsi d'abord; mais après quelque temps il s'imagina trouver dans le Confucius et dans je ne sais quels auteurs de quoi appuyer leur idée. Que d'abord les autres Jésuites s'opposèrent au Père Riccius; il en cita quatre dont je n'ai pas retenu les noms, Lorbado (?), etc., mais qu'il persista dans son sentiment, et il s'en est formé ensuite un système tel que nous le voyons.

Il s'étendit après cela sur les sacrifices des génies et des morts, et il fit à ce sujet je ne sais combien d'interrogations. Est-il possible que l'on veuille reconnaître pour vrais religieux des gens qui adorent des génies qui sont des démons, car ce ne peuvent être des anges, etc.? Et finit en ne sachant pas trop ce qu'il disait, mais en menaçant qu'il en dirait bien d'autres en opinant.

Ma réflexion. Je connais Du Pin dès le temps qu'il était en licence; on ne peut pas douter qu'il n'ait de l'esprit et du savoir; mais je le trouve étrangement changé. C'est la vue d'une pension sur le clergé qui lui fait faire tous ces changements :

> Quid non mortalia pectora cogit
> Auri sacra fames?

Je ne veux pas dire que Monsieur Du Pin soit avare; il n'est rien moins que cela; mais il est certain qu'il dépense beaucoup, je ne sais pas à quoi. Il doit de tous côtés, et Delaulne le libraire m'a montré un billet de 800 livres qu'il lui a escroquées sous le prétexte de lui faire imprimer un livre. Pour remplir tous ces vides, il n'y a qu'une pension, et pour l'avoir il faut plaire à l'archevêque de Reims.

Autrefois, l'abbé Du Pin était dans tous les sentiments de M. de Launoy, et en particulier il croyait le salut de tous les philosophes et de tous ceux qui vivent bien, en quelque endroit qu'ils soient. *Altri tempi, altri coustumi* (sic). Aujourd'hui il ne peut pas souffrir que les Jésuites disent que la Chine ait la moindre connaissance de Dieu. Il faut louer Dieu de tout. En réalité il n'y a pas d'apparence que nous nous comportions autrement que font tous les autres peuples.

Quand M. Du Pin eut fini, il n'était pas le quart après onze heures.

[1] Philippe Couplet, jésuite missionnaire (1628?-1692).

Tout le monde dit qu'il fallait continuer d'opiner; Mons. de La Roque[1], qui se trouva le plus ancien, opina le premier, et dit en peu de mots que toutes les propositions présentées lui paraissaient remplies d'erreurs, et particulièrement qu'elles renouvelaient le *Pélagianisme*. Il en détailla quelques-unes sur ce pied et les assaisonna de quelques passages de saint Augustin, et conclut qu'il était de l'avis des députés.

Mons. De Lamet[2], curé de Saint-Eustache, opina après, et tout bas fut de l'avis des députés.

Mons. Boucher, de Navarre, n'ouvrit la bouche que pour dire qu'il ne restait pas assez de temps afin qu'il pût dire son avis, qu'il demandait à être remis à une autre fois pour le dire plus à son aise. Cela lui fut accordé, en quoi on ne lui accorda pas grand'chose, car la demie sonna aussitôt, et chacun se leva.

Il est à remarquer que Mons. de Lestocq et Mons. Fromageau ne se trouvèrent point en Faculté; on juge que ç'a été exprès. Pour Mons. Du Saussoy, il s'était retiré sur la longueur de l'avis de Mons. Du Pin.

L'assemblée fut remise à lundi 23e de ce mois.

Je m'y trouvai comme les autres, et il y avait encore grand nombre de docteurs. M. Du Saussoy opina, et dit en deux mots qu'il était de l'avis des députés. Il ne rendit aucune raison, je ne sais si ce n'est pas qu'il n'en a plus guère, le bonhomme, quoiqu'il n'en ait jamais eu beaucoup.

Mons. Paul Boucher prit la parole. C'est un docteur navarrien. Le commun sentiment est qu'il est pélagien. ou au moins semipélagien.

D'abord il protesta qu'il ne voulait rien dire que d'orthodoxe, qu'il reconnaissait que nous n'étions capables de rien de bon pour le salut que par la grâce de J.-C.; qu'il fallait la connaissance de J.-C., mais qu'il croyait que plus de gens que l'on ne pensait avaient eu plus de connaissance de J.-C., non pas à la vérité explicite, mais implicite.

Après cela, il descendit dans l'examen des propositions, et trouva qu'elles pouvaient très bien être soutenues, et qu'il ne croyait point qu'elles fussent fausses ou téméraires.

Pour prouver son sentiment, il apporta des passages de quelques Jésuites, comme de Martinius, et crut faire voir que le temple des Chinois a été bâti 2000 ans après le déluge par le 4e roi des Chinois, Si cela était véritable et certain, il pourrait bien y avoir de la vérité dans la proposition.

Il dit qu'il était faux que les Chinois aient été idolâtres dès le commencement, et qu'ils ont pu conserver la loi naturelle avant Moïse.

Il dit que quand il serait vrai qu'il y aurait eu de l'idolâtrie dès le commencement, les rois n'ayant pas été idolâtres, il en faudrait conclure

---

[1] Docteur antérieurement à 1664 (?).

[2] Philippe de Lamet. docteur en 1684.

que quelques-uns ont été idolâtres, mais non pas le royaume; comme il arriva souvent aux Juifs, et cita le IVe [livre] des Rois, chap. 18, où il est parlé d'Ezéchias.

[Sur] la proposition où il est dit que la Chine a honoré Dieu d'une manière qui fait honte aux Chrétiens, il remarqua que cela est dit comme on dit que la modestie des Turcs dans les mosquées fait honte aux Chrétiens. Voy. un endroit du *Chevræana* [1], p.   , t. (?). -

Ils ont eu la charité, *non per fidem, sed per ordinem naturalem*, témoin ce prince qui demandait à mourir pour un autre, etc. Il conclut *itaque censeo supersedendum et comitiis et censuræ*.

M. Mathieu Huot [2] fut simplement de l'avis des députés.

Mons. Le Caron prit la parole aussitôt, et on vit bien qu'il enfilait un long et ennuyeux discours.

On peut dire néanmoins qu'il parla beaucoup mieux qu'il n'a coutume de faire.

Il apporta deux endroits, l'un de Pline le Jeune, l'autre d'un livre *ad Herennium* [3] où ces deux auteurs disent qu'il faut de grandes précautions pour juger, et encore plus pour censurer. Il a raison.

Après cela, il examina les qualifications.

1° On dit : elle est fausse. Mais où est la preuve?

2° *Temeraria*. Temeraria, dit-il, c'est ce qui est avancé *contre le sentiment commun de l'Église*, comme si quelqu'un prêchait la conception de la Vierge au péché.

Scandalosa. Cela n'est point vrai. Où est, dit-il, le scandale, où est l'occasion de chute et de perdre son salut quand on croira ici comme le Père Le Compte? Bien loin de crier à scandale, il faudrait désirer que cela fût ainsi, quand même il ne le serait pas.

On dit : *est eversiva religionis*. Mais qu'apporte-t-on pour cela?

On dit : *Notus in Judæa Deus* [4]. Hors le peuple juif, il n'y avait point de connaissance du vrai Dieu.

Or ce système n'est point véritable. S. Aug. *de Civ*[*itate*] *D*[*ei*], lib. 18, c. 47.

Job.

Melchisédech. A ces exemples on vit un exemple de l'impatience des docteurs; tous les députatifs [5] se mirent à murmurer et vouloir siffler M. Le Caron.

Mais il revint et reprit ceux qui avaient dit qu'on ne pouvait pas *argu-*

----

[1] Le *Chevræana* d'Urbain Chevreau. (Paris, 1697-1700, 2 vol. in-12.)

[2] Docteur antérieurement à 1664 (?).

[3] Attribué parfois à Cicéron.

[4] En marge quelques mots latins illisibles, et *Moabitarum*.

[5] En marge : *c'est-à-dire attachés aux députés*.

mentari a particularibus ad multitudinem, et il dit que cela était très bon quand ces particularités n'étaient pas accompagnées de multitude et ne la suivaient pas.

L'avis de M. Le Caron, qui fut contre l'avis des députés, [était] que l'affaire fût renvoyée au pape, à ce que l'on m'a dit.

Comme j'entrais, il y avait un très grand bruit; on criait après, ou pour mieux dire on aboyait après Mons. Roulland. Ce docteur, pour détruire l'argument que les protecteurs du Père Le Comte tirent de la *Pénitence des Ninivites,* s'avisa de dire que c'était une *fausse pénitence,* une *pénitence hypocrite,* une pénitence qui ne servait rien au salut, etc.

Je n'entendis rien de cela, seulement j'entendis qu'on criait à l'hérésie, à l'hérétique, sur ce que le concile a dit *Salubriter concussi.* Ce que je vis encore est que ce prétendu plus que célèbre docteur, qui s'estime une colonne de la Faculté, était tout à fait penaud et honteux.

Comme je vis que tout se passait en crieries, et que d'ailleurs j'avais affaire, je me retirai. Depuis ce temps-là jusques au jeudi 9ᵉ septembre, il y a eu cinq assemblées, mais je n'ai pu y assister, et en vérité je n'en suis pas fâché; je n'ai pas beaucoup perdu, je me suis empêché d'entendre bien du bruit et bien des sottises.

Je me trouvai le jeudi 9ᵉ septembre. Comme j'entrai, M. Feuvrier opinait. Il avait commencé dès lundi dernier, mais il n'avait pu achever.

Rien n'est plus extraordinaire que ce docteur; il est toujours plein *d'imaginations et de rêveries;* selon sa coutume, il se laissa emporter à ces imaginations, et pour justifier les propositions, il voulut prouver que les Ninivites n'étaient pas seulement quelques particuliers, mais *le peuple de Ninive* tout entier; d'où il conclut qu'il y avait des peuples entiers, qui n'étaient point Juifs, qui adoraient le vrai Dieu, auxquels Dieu donnait la grâce de pénitence. Après cela il dit qu'il allait entrer dans la deuxième partie de son suffrage, dans laquelle il voulut faire voir qu'on ne devait point s'étonner que le Père Le Comte eût dit que les Chinois avaient été favorisés de Dieu, etc., que cela était véritable. Bien plus, dit-il, je soutiens que : *in iis quæ ad religionem spectant, et quæ sunt necessaria præcise ad salutem* les Gentils *primas habuerunt supra Judæos.* Comme il voulait continuer, l'impétuosité de M. Boileau prit feu; il sortit de sa place, guère plus sage qu'un fou, et faisant la pirouette et gesticulant *acriter et fortiter,* il se mit au milieu de l'assemblée, et dit que Mons. Feuvrier avançait des hérésies. A ce mot, la cervelle de M. Feuvrier s'échauffa si fort qu'il n'y eut plus moyen de le retenir; il errait comme un perdu et voulait soutenir son dire. Le syndic tâcha plusieurs fois de mettre le holà; il ne put en venir à bout. M. Feuvrier parlait toujours, et en même temps une douzaine d'autres docteurs, aussi emportés que M. Boileau, criaient à pleine tête, comme les Juifs à la Passion de N.-S. : *Tolle, crucifige;* ils disaient : *Retractet, alias excludatur,* qu'il se rétracte, sinon qu'il soit privé de son suffrage. On fut ainsi pendant une heure que l'on n'aurait pas entendu le tonnerre s'il fût tombé dans la salle.

M. Boileau a assurément de l'esprit, mais on peut dire qu'en cette occasion il ne marqua guère de *sagesse;* on ne peut pas un feu plus outré, une intempérance de mouvement qui lui faisait quitter sa place à tout moment. L'impétuosité de ses discours n'était pas moins grande; à force de vivacité il ne savait ce qu'il disait; vous auriez dit d'un furieux; c'était comme un cheval qui rue de tous côtés.

Tout cela n'étonnait point M. Feuvrier; après avoir dit que s'il avait avancé quelque chose de mal il le révoquait et le désapprouvait, ce qu'il ne croyait pas, et croyant en être quitte, il voulait continuer son avis, et en effet tout le monde était assis pour l'entendre; mais Mons. Boileau se leva pour la dixième ou douzième fois, et dit qu'il demandait, *postulabat ut dominus Feuvrier privaretur suo suffragio;* que *intercedebat quominus foret suffragium;* que *petebat actum;* et que si on ne voulait pas, il saurait bien le poursuivre au Parlement. Rien n'était si plaisant que de le voir triompher de cette action; il pensait avoir fait la plus belle chose du monde; et tout le monde, même ses amis, se moquait de lui.

Enfin le pauvre Feuvrier, je ne sais comment, il (*sic*) céda à la furie de tous ceux qui criaient contre lui, et sans rien dire davantage, il finit dans le sentiment de M. Le Caron.

M. Le Pescheux [1] suivit, qui opina dans le sentiment des députés. Il aurait bien pu, sans faire tort à la compagnie, dire son avis en ces deux mots : *Ideo censeo cum dominis deputatis,* mais il voulut un peu faire parade de quelque lecture, qui se termina néanmoins toute à saint Augustin, dont il rapporta trois ou quatre passages qui ne font rien contre les propositions.

Voici néanmoins son système; il établit comme M. Roulland que les *propositiones oblatæ* sont le *pur pélagianisme,* c'est-à-dire la connaissance de Dieu et les bonnes œuvres ou la justice, sans le secours de la grâce de Dieu.

Or, dit-il, c'est ce qui est absolument condamné par saint Augustin en mille endroits.

Ceux qui ont avancé les propositions se fondent comme Pélage sur ce passage de saint Paul : *Ipsi sibi sunt lex, et ea quæ legis sunt naturaliter implent.*

Or, dit M. Le Pescheux, par ce mot *naturaliter* il ne faut pas entendre la nature destituée de grâce, et ainsi le passage de saint Paul ne peut servir à soutenir les propositions.

Pour moi, il me parut que cela favorisait les propositions, car enfin, *esto* que *naturaliter* dans saint Paul doive être entendu comme veut saint

---

[1] Docteur antérieurement à 1664 (?).

Augustin, il s'ensuivra que les Gentils dont parle saint Paul, et qui n'étaient point certains Juifs, avaient la grâce pour accomplir la loi. Le passage de saint Aug[ustin] est *libro IV contra Julianum, chap. 3.*

Après avoir lu ce passage, il se récria : *Dicite, Patres SS. anne S. Aug-[ustinus] passus fuisset propositiones in quibus dicitur Sinenses habuisse veram religionem, templa, etc.? sanctum fuisse Confucium? Profecto illud non est credendum.* Il cita ensuite le chapitre 17 *de Civit.*, c. 1, où saint Augustin distingue les temps depuis Abraham et établit(?) la foi parmi les Juifs, que les Gentils n'en pouvaient pas avoir miette. *Lib. 18 De civitate cap. 47, non incongrue creditur,* etc. C'est là où Saint Augustin dit que *nullus erat qui proprie populus Dei diceretur.*

Il cita enfin *De peccato originali cap. 24. Sicut fuere prophetæ* pour détruire la prophétie et les miracles, et enfin il conclut pour les députés.

Mons. Chaudière[1], après, lut très proprement et sans hésiter son avis, qu'il avait composé en très beau latin, on ne peut pas meilleur; il loua les députés de leur zèle et dit élégamment qu'il pensait comme eux.

Mons. Jollain, l'ex-syndic, commença à parler, mais il ne dit que deux mots, il remit à parler plus longuement à samedi.

Il s'est fait tous les jours des assemblées où il ne s'est pas moins passé de scènes que jusques à présent.

Le lundi 13°, Mons. Navarre[2] opina, et croyant faire sa cour à l'archevêque et se raccommoder auprès de lui, non seulement il opina comme les députés, mais il accusa leur censure d'être trop faible; il dit qu'il faudrait y ajouter que ces propositions sont toutes pélagiennes et plus que pélagiennes, *et inducentes ad atheismum.*

Il doit être curé après cela de la première cure qui viendra à vaquer dans Paris.

Le Fevre La Bastille[3] opina à peu près de la même manière, et il a intérêt de le faire ainsi, quoique à peine croit-il en Dieu et qu'il est un vrai sacripant, une conscience vendue à l'iniquité, livrée à la débauche et au jeu; mais il a une pension sur le Clergé, et il faut les bonnes grâces de l'archevêque de Reims pour se la conserver.

Le Père Chaussemer commença aussi hier, mais il n'a fini qu'aujourd'hui 14 septembre. Il a parlé plus de deux heures; son thème était que ces propositions du Père Le Comte *faciebant Deum mendacem, et Christum dominum inutilem.* Que Dieu était un menteur, parce que tout ce qu'il dit dans les Écritures doit être faux, si les propositions sont vraies. Jésus Christ est inutile, parce que ces peuples n'ont pu avoir aucune connaissance de J.-C., sans laquelle néanmoins, *posita fide,* il est impossible.

---

[1] Docteur antérieurement à 1664 (?).

[2] Docteur antérieurement à 1664 (?).

[3] Jacques Lefèvre, docteur en 1674.

Mons. Courcier [1], théologal de Paris, en opinant avait dit qu'il fallait ôter le mot hérétique à la troisième proposition, comme n'étant composée que de courtes phrases répandues dans les livres du Père Le Comte, et qui n'étaient pas assez liées ensemble; que du reste il pensait comme les députés. Il prit occasion de parler du livre de l'Apologie des nouveaux chrétiens de la Chine par le Père Le Tellier [2]; que la vérité est qu'il avait approuvé ce livre, mais qu'il n'avait point su assez nettement que la censure de Louvain n'avait point été blâmée à Rome; qu'il l'avait cru sur le rapport du Père Le Tellier.

Généralement on dit qu'il parla assez bien.

On m'a dit depuis que, dans une des assemblées suivantes, il avait demandé à parler, et avait dit qu'il avait fait réflexion sur le retranchement de la qualification d'hérésie au sentiment des députés quand il avait dit son avis; que, *re maturius deliberata*, il avait jugé que la proposition avait été bien censurée, et qu'elle méritait entièrement la note d'hérésie. C'est pourquoi il revenait et était du sentiment des députés. Il se fit parmi les amis des députés une huée de joie, comme s'ils avaient gagné cent mille francs. Les hommes dans tous les états sont hommes, un peu de morgue les retient en certaines occasions; mais l'occasion se perd-elle, ils montrent tout à fait ce qu'ils sont.

Mons. Fleury me dit, le 16 octobre, que quand Mons. Chapelier, grand maître du collège Mazarin, avait voulu opiner, que Mons. Le Feuvre de Navarre s'était levé, lui avait demandé s'il s'était trouvé à l'assemblée du 17 août, et qu'ayant répondu négativement, Mons. Le Feuvre lui avait dit qu'il ne pouvait pas opiner, et il en fut empêché, quoique ce ne fût pas l'avis du syndic.

On dit après cela qu'ils ont été fâchés de cette échappée imprudente de Mons. Le Feuvre, parce que cela a été cause que les députés ont perdu plus de 20 voix pour la même raison.

Aussi dit-on qu'ils voulurent par après engager M. Chapelier à revenir, mais qu'il ne voulut pas.

Le même me raconta l'avis de Mons. Garçon, curé de Saint-Landry. Après avoir prouvé selon lui que les propositions étaient véritables, il dit en concluant que tant s'en faut qu'elles soient censurables, comme ont fait les députés, que lui il est persuadé, ayant lu les propositions, que c'est la censure des députés qui mérite les qualifications d'hérésie et d'impiété.

Que tous les amis des députés se levèrent à cette parole, et que peu s'en fallut qu'ils ne le fissent sortir de l'assemblée; mais que Tournely prit sa défense, et cela en demeura là.

[1] Docteur en 1686.
[2] Confesseur de Louis XIV; son vrai nom est Tellier.

Par tout ce qui m'en est rapporté, ce n'est qu'une cabale très grossière, appuyée et soutenue de trois hommes ennemis des Jésuites, les archevêques de Reims et de Paris et l'évêque de Meaux.

Ce n'est pas que les Jésuites ne méritent bien toutes les mortifications que cette censure leur peut causer. Ce sont des gens trop fiers et trop enflés, trop superbes; quand on les détruirait même, il n'y aurait pas grand mal; il n'y avait pas moyen d'en venir à bout; ce sont des animaux indomptés et quasi indomptables.

Mais l'endroit n'est pas juste, et on devrait en rougir.

Les Jésuites au reste ne paraissent pas avoir sollicité personne pour être de leur sentiment ni leur être favorable.

Mons. Le Feuvre, qui est un vrai étourdi avec beaucoup d'esprit, n'a pu s'empêcher de dire dans la sacristie des Cordeliers que le Père Frassen [1] était bien malhonnête d'avoir été d'autre avis que de celui des députés; que ce n'est pas là reconnaître les obligations qu'il a à Mons. l'archevêque.

On ne peut pas croire la liberté que donne à certaines gens cette licence de parler contre les Jésuites. Il y en a qui disent tout haut que si on agitait aujourd'hui la question de M. Arnauld, assurément il ne serait pas condamné. Cela peut être vrai, mais il est vrai aussi qu'il y a douze ans le Père Le Comte n'aurait pas été condamné, et que peut-être sous un autre règne à venir il ne le serait pas non plus. Tout va ainsi, il n'y a rien de certain, de propre et de véritable. C'est toujours l'autorité qui l'emporte, et l'avis qu'on a inculqué au souverain est toujours le meilleur.

Les députés prétendent avoir fait grâce aux propositions. Ils disent assez ouvertement que de huit députés il y en avait eu cinq qui avaient été [pour] qu'on ajoutât la note de déiste. C'est pousser la chose bien loin.

C'est tout ce que j'ai pu voir de l'affaire des Jésuites. Les assemblées qui suivirent m'ont échappé, ayant été, obligé de faire un voyage à Strasbourg. Au retour, je trouvai l'affaire entièrement terminée et finie à la honte et à la confusion des Jésuites.

[1] Claude Frassen, cordelier, docteur en 1663.